QUARTIER D'AFFAIRES

Français professionnel et des affaires

Cahier d'activités

DELPHINE JÉGOU

MARI PAZ ROSILLO

CLE INTERNATIONAL

WWW.CLE-INTER.COM

Crédits iconographiques

page 8 (de gauche à droite) : © claudiaveja / Adobe Stock ; © JPC-PROD / Adobe Stock ; ©savoieleysse / Adobe Stock ; © industrieblick / Adobe Stock – page 14 (de gauche à droite) : zera93 ; zera93 ; vectortwins ; krisnass ; vectorlia – page 15 : © Alexander Raths / Adobe Stock – page 16 (de gauche à droite et de haut en bas) : © Alexandra Karamyshev / Adobe Stock ; © the_lightwriter / Adobe Stock ; © gmstockstudio / Adobe Stock ; © Mivr / Adobe Stock ; © mafffi / Adobe Stock ; © srki66 / Adobe Stock ; © the_lightwriter / Adobe Stock ; © terex / Adobe Stock – page 18 (de gauche à droite) : © Production Perig / Adobe Stock ; © Michael Möller / Adobe Stock ; gstockstudio / Adobe Stock ; Monkey Business / Adobe Stock – page 22 (de gauche à droite) : © aFatman / Adobe Stock ; © sutichak / Adobe Stock ; © Paul Maguire / Adobe Stock ; © imagewell10 / Adobe Stock – page 23 : ©intararit / Adobe Stock – page 24 : 1. ©Anton / Adobe Stock ; 2. © Sergey Yarochkin / Adobe Stock ; 3. © netaliem / Adobe Stock ; 4. © Oleksandr Delyk / Adobe Stock ; 5. © Coloures-Pic / Adobe Stock ; 6. © ILYA AKINSHIN / Adobe Stock ; 7. © sdecoret / Adobe Stock ; 8. © xmasbaby / Adobe Stock ; 9. © pixelrobot / Adobe Stock – page 26 : © martialred / Adobe Stock – page 38 (de gauche à droite) : © Fox / Adobe Stock ; © olympus E5 / Adobe Stock ; © Will Thomas / Adobe Stock ; © francovolpato / Adobe Stock – page 40 (de gauche à droite et de haut en bas) : © Elenathewise / Adobe Stock ; © Gleb Semenjuk / Adobe Stock ; © rvlsoft / Adobe Stock ; © Narong Jongsirikul / Adobe Stock ; © pixelrobot / Adobe Stock ; © david_franklin / Adobe Stock ; © Andrey Popov / Adobe Stock ; © Rawpixel.com / Adobe Stock – page 41 (de gauche à droite) : © Viktor Gmyria / Adobe Stock ; © adisa / Adobe Stock – page 48 : © eugenesergeev / Adobe Stock – page 49 (de gauche à droite) : © Velib /DR ; © Autolib /DR – (milieu) © doom.ko / Adobe Stock ; © ryanking999 / Adobe Stock – page 50 : © Anterovium / Adobe Stock – page 63 (de haut en bas et de gauche à droite) : © muro / Adobe Stock ; © BCkid / Adobe Stock ; © Alexander Y / Adobe Stock ; © Dangubic / Adobe Stock ; © Lario Tus / Adobe Stock ; © master1305 / Adobe Stock – page 64 (de gauche à droite) : © 135pixels / Adobe Stock ; © Willy06 / Adobe Stock ; © ILYA AKINSHIN / Adobe Stock ; © Andrejs Nikiforovs / Adobe Stock – page 65 (de gauche à droite) : © Beboy / Adobe Stock ; © mickyso / Adobe Stock ; © olegmalyshev / Adobe Stock; ©gribouilleeva / Adobe Stock – page 69 : ©jula_lily / Adobe Stock

Direction de la production éditoriale : Béatrice Rego
Marketing : Thierry Lucas
Édition : Virginie Poitrasson
Couverture : Dagmar Stahringer
Mise en pages : Isabelle Vacher

© CLE International / SEJER, Paris 2017
ISBN : 978-2-09-038667-7

Dépôt légal : août 2017 - N° de projet : 10230933 - Imprimé chez Grafica Veneta S.p.A. en août 2017

SOMMAIRE

Unité 1
5
Leçon 1 6
Leçon 2 8
Leçon 3 10
Test 12

Unité 2
13
Leçon 1 14
Leçon 2 16
Leçon 3 18
Test 20

Unité 3
21
Leçon 1 22
Leçon 2 24
Leçon 3 26
Test 28

Unité 4
29
Leçon 1 30
Leçon 2 32
Leçon 3 34
Test 36

Unité 5
37
Leçon 1 38
Leçon 2 40
Leçon 3 42
Test 44

Unité 6
45
Leçon 1 46
Leçon 2 48
Leçon 3 50
Test 52

Unité 7 — 53
Leçon 1 — 54
Leçon 2 — 56
Leçon 3 — 58
Test — 60

Unité 8 — 61
Leçon 1 — 62
Leçon 2 — 64
Leçon 3 — 66
Test — 68

Préparation au Delf Pro — 69

Vidéos — 72

Transcriptions — 74

Corrigés — 78

Lexique français anglais — 87

UNITÉ 1

Ma carte de visite

LEÇON 1

- Bonjour
- Bonsoir
- Au revoir
- Salut (*familier*)
- Être célibataire
- Être marié(e)
- Être divorcé(e)
- Être en couple
- Une famille
- Un enfant
- Un fils
- Une fille

Saluer et demander des nouvelles
- Comment allez-vous ?
- Comment vas-tu ?
- Ça va ?
- Ça va. / Ça va bien.
- Bof ! / Pas terrible !
- Ça va mal.

LEÇON 2

- Un directeur / une directrice
- Un vendeur / une vendeuse
- Un consultant / une consultante
- Un employé / une employée
- Un conseiller / une conseillère
- Un informaticien / une informaticienne
- Un architecte / une architecte

Lire une adresse mail
- Arobase
- Point
- Tiret
- Underscore / Tiret du bas

LEÇON 3

- Italien / Italienne
- Français / Française
- Coréen / Coréenne
- Suisse / Suisse
- Mexicain / Mexicaine
- Hongrois / Hongroise
- Allemand / Allemande

UNITÉ 1 — Ma carte de visite

Compréhension de l'oral

1. Écoutez les présentations et complétez.

Situation a :
Prénom : ....
Nom : ....
Situation de famille : ....
Enfants : ☐ Non ☐ Oui
Si oui précisions : ....

Situation b :
Prénom : ....
Nom : ....
Situation de famille : ....
Prénom : ....
Nom : ....
Situation de famille : ....

Situation c :
Prénom : ....
Nom : ....
Prénom : ....
Nom : ....
Situation de famille : ....
Enfants : ☐ Non ☐ Oui
Si oui précisions : ....

Situation d :
Prénom : ....
Nom : ....
Prénom : ....
Nom : ....
Situation de famille : ....
Enfants : ☐ Non ☐ Oui
Si oui précisions : ....

Vocabulaire

2. Associez les mots ou expressions aux définitions.

1. Au revoir
2. Bonsoir
3. Bonne après-midi
4. Bonjour
5. Salut
6. Bonne soirée

a. Pour prendre congé le soir.
b. Pour saluer le matin.
c. Pour prendre congé le matin, l'après-midi, le soir.
d. Pour saluer ou prendre congé.
e. Pour prendre congé l'après-midi.
f. Pour saluer le soir.

3. Complétez les phrases par les mots ou expressions suivants.
une fille – divorcée – enfant – célibataire – en couple – un fils – mariés

a. Vincent et Magali ne sont pas .... mais ils sont ....
b. José et Maria ont .... Il s'appelle Marc et il a 2 ans.
c. Sara est .... Elle n'a pas d' ....
d. Philippe est ....
e. Alexandre et Amélie ont .... Elle s'appelle Lison, elle a 7 ans.

6 | six

LEÇON 1

Grammaire

4. Complétez par le verbe *s'appeler* au présent de l'indicatif.

a. – Comment tu .... ?
   – Je .... Eric.

b. – Comment vous .... ?
   – Francisco et vous ?
   – Je .... Arnaud.

c. – Il .... Joachim.
   – Et elle, comment elle .... ?
   – Laure.

5. Complétez les phrases par les pronoms sujets qui conviennent.

a. .... s'appelle Paul et .... est marié.
b. .... sommes en couple.
c. .... sont mariées.
d. .... vous appelez comment?
e. .... es célibataire?
f. .... m'appelle Magali et .... suis divorcée.

Compréhension de l'écrit

6. Lisez ces présentations. Les phrases sont-elles vraies ou fausses ? Justifiez quand c'est faux.

Je m'appelle Julien. Je suis en couple avec Sophie. Nous avons un fils, Léo, il a 3 ans.
Voici Carole, elle est célibataire et elle a une fille.
Je m'appelle Céline et voici Luc, nous sommes mariés. Nous n'avons pas d'enfants.
Elle s'appelle Jane. Elle a deux enfants, un fils et une fille.

a. Julien est en couple avec Sophie. ☐ Vrai ☐ Faux
Justification : ....

b. Julien et Sophie ont une fille. ☐ Vrai ☐ Faux
Justification : ....

c. Carole est mariée. ☐ Vrai ☐ Faux
Justification : ....

d. Carole a une fille. ☐ Vrai ☐ Faux
Justification : ....

e. Céline et Luc sont mariés. ☐ Vrai ☐ Faux
Justification : ....

f. Céline et Luc ont deux enfants. ☐ Vrai ☐ Faux
Justification : ....

g. Jane a un enfant. ☐ Vrai ☐ Faux
Justification : ....

PRODUCTION ÉCRITE

7. Écrivez votre présentation et la présentation d'un collègue (nom, prénom, situation de famille).
30 mots

....
....
....

sept | 7

UNITÉ 1 — Ma carte de visite

Compréhension de l'oral

1. Écoutez et complétez.

Marc :
Âge : ....
Profession : ....
Mail : ....

Fatima :
Âge : ....
Profession : ....
Téléphone : ....

Valérie :
Âge : ....
Profession : ....
Mail : ....

Joseph :
Âge : ....
Profession : ....
Téléphone : ....

Vocabulaire

2. Écrivez ces chiffres ou nombres en toutes lettres.

2 : ....   21 : ....   68 : ....
10 : ....   35 : ....   46 : ....

3. Faites une phrase pour donner la profession des personnes.

a. ....
b. ....
c. ....
d. ....

4. Retrouvez 12 professions dans la grille.

O	G	H	I	V	E	H	L	M	E	T	S	B	M	O	S	A
P	R	O	F	E	S	S	E	U	R	I	T	A	E	V	C	S
A	F	T	I	N	O	A	S	P	T	E	O	P	D	A	O	S
R	C	E	N	D	I	R	E	C	T	E	U	R	E	F	M	I
V	T	S	A	E	F	T	Y	U	I	P	J	L	C	V	P	R
A	S	S	A	U	T	J	O	U	R	N	A	L	I	S	T	E
R	I	E	U	R	T	I	R	U	T	O	U	C	N	I	A	L
C	O	N	S	U	L	T	A	N	T	I	F	O	E	N	B	E
H	I	O	P	U	T	R	A	M	P	R	O	I	B	A	L	O
I	D	R	U	E	V	E	M	P	L	O	Y	E	A	N	E	I
T	R	F	E	V	A	B	N	C	H	A	U	B	I	L	A	P
E	T	B	O	I	R	D	A	B	N	I	V	X	O	U	P	T
C	O	N	S	E	I	L	L	E	R	U	T	E	O	P	L	A
T	R	A	N	S	R	T	I	B	A	N	Q	R	I	E	R	E
E	F	N	A	T	I	P	A	S	S	I	S	T	A	N	T	R

1. ....
2. ....
3. ....
4. ....
5. ....
6. ....
7. ....
8. ....
9. ....
10. ....
11. ....
12. ....

8 | huit

LEÇON 2

Grammaire

5. Mettez les noms de professions de l'exercice 4 au genre opposé.

1. .... 2. ....
3. .... 4. ....
5. .... 6. ....
7. .... 8. ....
9. .... 10. ....
11. .... 12. ....

6. Complétez par le verbe *avoir* ou *être* conjugués au présent de l'indicatif.

a. Je m'appelle Elisabeth, je .... avocate et je .... 42 ans.
b. Il .... 2 enfants et il .... marié.
c. Nous .... employés chez Air France.
d. Vous .... 15 employés, vous .... directeur.
e. Ils .... ingénieurs.
f. Elle .... 35 ans et elle .... journaliste.
g. Tu .... des enfants ?
h. Elles .... une entreprise et .... informaticiennes.

Compréhension de l'écrit

7. Lisez les cartes de visite. Les phrases sont-elles vraies ou fausses ? Justifiez vos réponses.

CONSULTING+	ASTAM	BANKEO	Mondi@al
Thomas Hardy	Vincent Guinebretière	Cécile Jones	Maria Perez
Consultant	Chef de projet	Conseillère clientèle	Agent de voyage
Tel: 06-20-19-65-03	Tel: 06-43-31-60-39	Tel: 01-45-23-21-57	Tel: 01-27-32-49-11
Consulting-agence@netconsult.com	Vincent@Astam.com	cecile.jones@bankeo.com	Maria_perez@Mondial.net

a. Le mail de Maria est Maria underscore arobase Mondial point net. ☐ Vrai ☐ Faux
b. Thomas travaille dans une agence de voyages. ☐ Vrai ☐ Faux
c. Cécile Jones est consultante. ☐ Vrai ☐ Faux
d. Le numéro de téléphone de Vincent est le zéro six, quarante-trois, trente et un, soixante, trente-neuf. ☐ Vrai ☐ Faux
e. Vincent Guinebretière est chef de projet. ☐ Vrai ☐ Faux

8. Relisez les cartes de visite et répondez par une phrase.

a. Que fait Thomas Hardy dans la vie ? ....
b. Qui est agent de voyage ? ....
c. Quelle est la profession de Cécile Jones ? ....
d. Qui est chef de projet ? ....
e. Quel est le numéro de téléphone de Maria Perez ? ....

UNITÉ 1 — Ma carte de visite

Compréhension de l'oral

1. Écoutez et répondez.

Situation a :

a. Quelle est la profession de Quentin Dumont ?
....

b. Quelle est la nationalité de Quentin Dumont ?
....

c. Quelles langues parle Quentin Dumont ?
– ....
– ....
– ....

Situation b :

a. Quelle est la nationalité de Marina Parol ?
....

b. Quelle est sa profession ?
....

c. Quelle langue elle ne parle pas ?
☐ polonais ☐ français ☐ japonais ☐ anglais

Situation c :

a. Quelle est la nationalité de Kelly Jones ?
☐ américaine ☐ mexicaine ☐ canadienne

b. Quelle est sa profession ?
....

c. Quelles langues elle parle ?
☐ anglais ☐ italien ☐ français
☐ japonais ☐ espagnol

Situation d :

a. Quelle est la nationalité d'Asami Sako ?
....

b. Quelles langues elle ne parle pas ?
☐ italien ☐ anglais ☐ chinois ☐ espagnol

c. Quelle est sa profession ? ....

Vocabulaire

2. Trouvez les mots dans les questions-réponses suivantes et complétez la grille de mots-croisés.

Horizontalement :

A/ Quelle est votre .... ?
   Je suis Français.
B/ Vous travaillez dans quelle .... ?
   Je travaille pour Air France.
C/ Quelle est votre nationalité ? Je suis ....
D/ Il est .... ? Non, il n'est pas commercial.

Verticalement :

1/ Quelle .... vous parlez ? Je parle chinois.
2/ Quelle est votre .... ? Je suis technicien.
3/ Quel .... elle a ? Elle a 30 ans.

3. Complétez le formulaire avec les mots proposés.

langues – nationalité – suisse – anglais – ans – prénom – numéro de téléphone – profession

Formulaire d'inscription

Nom : Briant
.... : Annie
.... : directrice des ressources humaines
Âge : 42 ....
.... parlées : français, ..., chinois
.... : ....
.... : 06-23-45-61-02

LEÇON 3

Grammaire

4. Barrez l'intrus.
a. Français – Suisse – Espagnol – Allemand
b. Mexicaine – Coréenne – Anglaise – Chinois
c. Hongrois – Italien – Anglaise – Français
d. Canadien – Italien – Belge – Mexicain

5. Répondez à la forme négative.
a. Tu parles allemand ? ....
b. Vous travaillez pour Michelin ? ....
c. Il est espagnol ? ....
d. Elle a 31 ans ? ....

6. Conjuguez les verbes.
a. Elle .... *(être)* réceptionniste.
b. Ils .... *(parler)* allemand.
c. Nous .... *(avoir)* des collègues mexicains.
d. Tu .... *(être)* américain ?
e. Vous .... *(travailler)* dans quelle entreprise ?

Compréhension de l'écrit

7. Lisez les présentations de ces personnes et associez chaque phrase à une ou plusieurs des 4 personnes.

1. Mathieu – 42 ans – Ingénieur – Belge
Langues parlées : français, allemand, anglais
2. Maryline – 31 ans – Traductrice – Anglaise
Langues parlées : anglais, allemand, italien, polonais
3. Sylvain – Réceptionniste – 29 ans – Suisse
Langues parlées : français, allemand
4. Valérie – Conseillère – 48 ans – Canadienne
Langues parlées : anglais, français, italien, espagnol

a. Elle a trente et un ans. ....
b. Il est Belge. ....
c. Elle ne parle pas français. ....
d. Elles parlent quatre langues. ....
e. Il est ingénieur. ....
f. Il parle deux langues. ....
g. Ils parlent anglais. ....
h. Il n'est pas Suisse. ....
i. Elle parle polonais. ....
j. Il n'est pas ingénieur. ....

Production écrite

8. Choisissez 2 personnes de l'exercice 7 et écrivez une présentation pour chacune. Vous pouvez ajouter des informations inventées (situation familiale, nom de l'entreprise, téléphone ou mail...). 60 mots minimum

....
....
....

Phonétique

9. Notez les différentes graphies du son [e] et donnez un mot en exemple.
a. ê : êtes
b. .... : ....
c. .... : ....
d. .... : ....

10. Soulignez dans les phrases tous les sons [e] et prononcez les phrases à voix haute.
a. Je suis célibataire.
b. Qu'est-ce que vous faites dans la vie ?
c. Vous êtes conseillère dans une entreprise portugaise ?
d. Elle est Anglaise et son mari est Français.
e. Nous sommes collègues, nous ne sommes pas mariés.

UNITÉ 1 Test

1 Cochez le pronom personnel sujet qui convient. ..../4

a. .... travaillons pour Michelin. ☐ Ils   ☐ Nous ☐ Elle
b. .... sont anglais.   ☐ Elles ☐ Ils   ☐ Nous
c. .... parle français.   ☐ Tu   ☐ Je   ☐ Ils
d. .... êtes ingénieur.   ☐ Vous ☐ Tu   ☐ Elle
e. .... a 22 ans.   ☐ Elle ☐ Tu   ☐ Nous
f. .... parlez anglais.   ☐ Nous ☐ Vous ☐ Ils
g. .... ont deux enfants.   ☐ Ils   ☐ Vous ☐ Elle
h. .... travailles pour Chanel.   ☐ Tu   ☐ Elle ☐ Nous

2 Mettez les phrases à la forme négative. ..../4

a. Ils sont en couple. ....
b. Elle s'appelle Mélanie. ....
c. Nous parlons espagnol. ....
d. Vous avez 33 ans. ....

3 Choisissez la réponse correcte. ..../2

a. Vous .... français.   ☐ parlez   ☐ parlons   ☐ parlent
b. Elles .... Canadiennes. ☐ ont   ☐ sont   ☐ sommes
c. Tu .... Marco.   ☐ s'appelle ☐ t'appelles ☐ m'appelle
d. Je .... pour la SNCF.   ☐ travailles ☐ travaille ☐ travaillez

4 Mettez les phrases au féminin. ..../4

a. Il est Mexicain. ....
b. Il est directeur. ....
c. Il est Belge. ....
d. Il est vendeur. ....

5 Cochez l'intrus. ..../2

a. ☐ technicien   ☐ gardien   ☐ vendeur   ☐ informaticien
b. ☐ consultant   ☐ employé   ☐ avocat   ☐ architecte
c. ☐ entrepreneur ☐ professeur ☐ ingénieur ☐ directeur
d. ☐ journaliste ☐ architecte ☐ comptable ☐ consultant

6 Cochez les mots qui conviennent. ..../4

Je .... (a) Bénédicte. Je suis .... (b) et dans la vie, je .... (c) .... (d).
Je suis .... (e) j'ai .... (f) enfants, un fils et une .... (g).
Je parle .... (h), anglais et espagnol.

a. ☐ m'appelle   ☐ voici   ☐ parle   e. ☐ mariée   ☐ divorcé   ☐ Espagnole
b. ☐ Américain   ☐ Canadienne ☐ Japonais   f. ☐ deux   ☐ trois   ☐ fils
c. ☐ parle   ☐ suis   ☐ m'appelle   g. ☐ fils   ☐ enfant   ☐ fille
d. ☐ consultante ☐ anglaise   ☐ traducteur h. ☐ français ☐ américaine ☐ japonaise

UNITÉ 2

Mes débuts

LEÇON 1

- Une entreprise
- Une société
- Un secteur
- La direction
- Un directeur / une directrice
- Un(e) responsable
- Un contrôleur de gestion / une contrôleuse de gestion
- Un(e) assistant(e) de direction
- Un(e) ingénieur(e)
- Un(e) chef(fe)
- Le télétravail
- Adjoint(e)
- L'agriculture *(féminin)*
- L'automobile *(féminin)*
- La banque
- L'assurance *(féminin)*
- Le btp (bâtiments et travaux publics)
- Les matériaux de construction
- Le commerce
- La communication
- L'électronique *(féminin)*
- L'électricité *(féminin)*
- L'industrie pharmaceutique *(féminin)*
- L'informatique *(féminin)*
- Les télécommunications
- Les services aux entreprises
- Les transports
- La logistique

LEÇON 2

- Une copie
- Un contrat de travail
- Un formulaire
- Une mutuelle
- Un RIB (relevé d'identité bancaire)
- Obligatoire
- Rembourser
- Couvrir
- Compléter
- Un bulletin
- Une adhésion
- Un renseignement
- Une lettre capitale
- Le nom de jeune fille
- Un ayant droit
- Un(e) conjoint(e)
- Une signature
- Une date de naissance
- À charge
- Remplir
- Un pantalon
- Un jean
- Une jupe
- Une robe
- Une chemise
- Un pull
- Un tee-shirt
- Une veste
- Un manteau
- Une cravate
- Un costume
- Un tailleur
- Des baskets
- Des chaussures *(féminin)*
- Une tenue
- Un sac à main
- Décontracté(e)
- Strict(e)
- Élégant(e)

LEÇON 3

- Le service informatique
- Un ordinateur fixe / portable
- Un mot de passe
- Un identifiant (un login)
- Une adresse de messagerie / une adresse e-mail
- Un smartphone
- Une application
- Un logiciel
- Installer
- Le stress
- Être stressé(e)
- Être efficace / inefficace
- Une mesure
- Une messagerie
- La productivité
- En moyenne
- Interdit(e)
- Traiter
- Échanger
- Diminuer
- Augmenter

UNITÉ 2 — Mes débuts

Compréhension de l'oral

1. Écoutez et répondez.

a. Soulignez la fonction de la personne qui parle ?
- secrétaire
- responsable commercial
- directeur

b. Quel est le secteur d'activité de la société Studio 80 ?

c. Dites quels sont les secteurs des entreprises clientes. Soulignez les secteurs mentionnés :
l'automobile – la pharmacie – le btp – la banque – l'assurance – l'immobilier – la grande distribution – l'électronique – le commerce – les transports

d. Quelles sont les spécialités de l'entreprise Studio 80 ?

Vocabulaire

2. Rayez l'intrus de la liste.

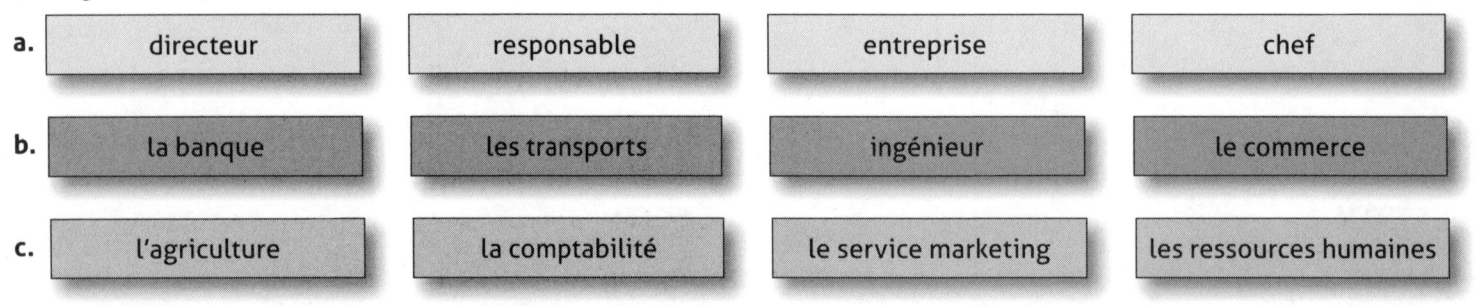

a. directeur | responsable | entreprise | chef

b. la banque | les transports | ingénieur | le commerce

c. l'agriculture | la comptabilité | le service marketing | les ressources humaines

3. Associez les symboles et les secteurs d'activité.

a. — b. — c. — d. — e.

1. l'électronique / l'électricité
2. le commerce
3. l'informatique / les télécommunications
4. les transports / la logistique
5. le btp

Grammaire

4. Complétez les phrases avec *c'est*, *il est* ou *elle est*.

a. Je vous présente Stéphanie. .... la directrice des ressources humaines.

b. Voici Pascal, ... journaliste. .... le nouveau webmaster.

c. – Qui est-elle ? – .... Élodie. .... responsable du service achats.

d. Voici mes collègues : Oscar, ... le chef de service, et Patricia, ... contrôleuse de gestion.

5. Complétez avec le mot entre parenthèses, et faites l'accord.

a. Notre société travaille avec des .... (*client*) d'Europe et d'Afrique.

b. Nous fabriquons des .... (*machine*) pour l'industrie des .... (*énergie*) et des .... (*gaz*).

c. Les .... (*travail*) publics sont un secteur en pleine expansion.

d. Nous vendons des .... (*voiture*) allemandes. Les .... (*prix*) sont élevés.

14 | quatorze

LEÇON 1

Compréhension de l'écrit

6. Observez cette présentation originale et répondez aux questions.

a. Qui est cette personne ? ....
b. Quelle est sa profession ? ....
c. Quelles personnes composent son équipe ? ....
d. Où travaille cette personne ? ....
e. Quelle est sa formation ? ....

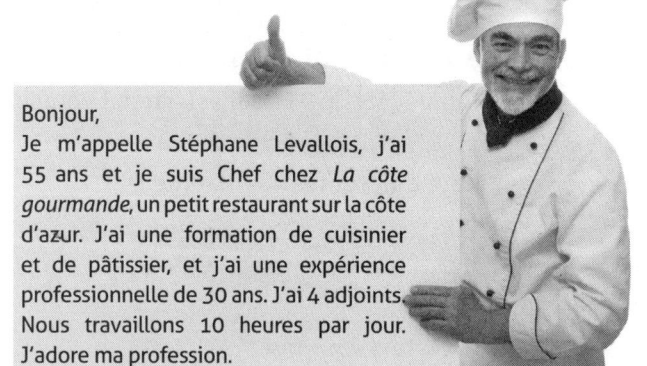

> Bonjour,
> Je m'appelle Stéphane Levallois, j'ai 55 ans et je suis Chef chez *La côte gourmande*, un petit restaurant sur la côte d'azur. J'ai une formation de cuisinier et de pâtissier, et j'ai une expérience professionnelle de 30 ans. J'ai 4 adjoints. Nous travaillons 10 heures par jour. J'adore ma profession.

7. Regardez l'organigramme de la société Legrand et répondez aux questions.

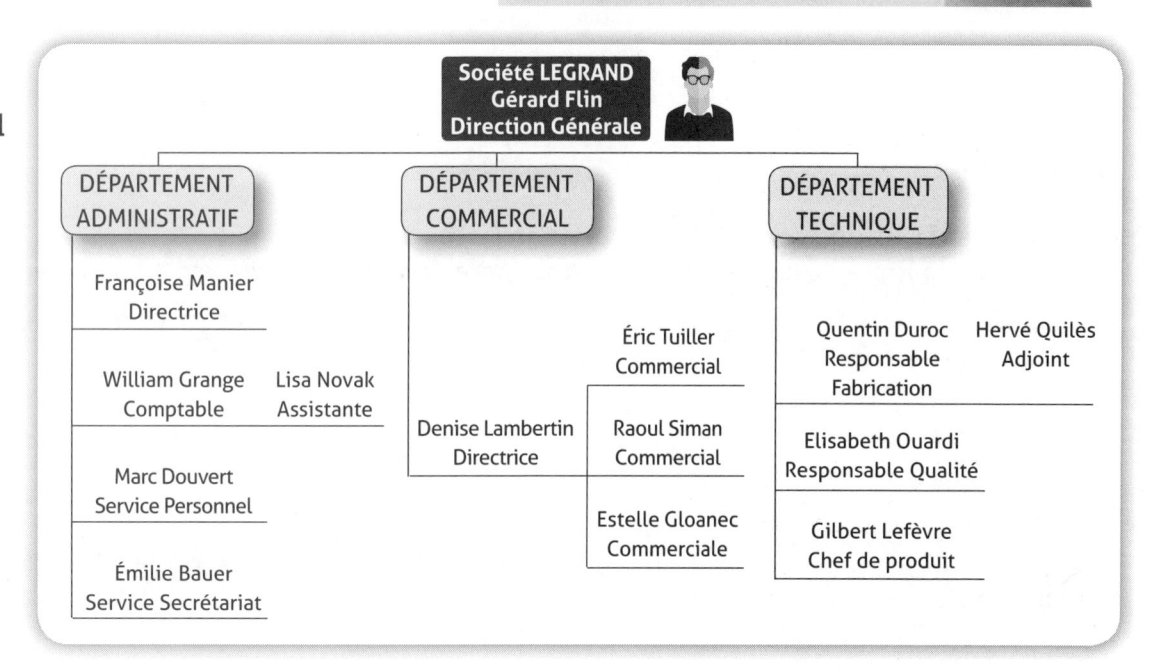

Société LEGRAND — Gérard Flin — Direction Générale

DÉPARTEMENT ADMINISTRATIF
- Françoise Manier — Directrice
- William Grange — Comptable | Lisa Novak — Assistante
- Marc Douvert — Service Personnel
- Émilie Bauer — Service Secrétariat

DÉPARTEMENT COMMERCIAL
- Denise Lambertin — Directrice
- Éric Tuiller — Commercial
- Raoul Siman — Commercial
- Estelle Gloanec — Commerciale

DÉPARTEMENT TECHNIQUE
- Quentin Duroc — Responsable Fabrication | Hervé Quilès — Adjoint
- Elisabeth Ouardi — Responsable Qualité
- Gilbert Lefèvre — Chef de produit

a. Qui est Denise Lambertin ? ....
b. Combien de personnes composent le département technique ? ....
c. Qui travaille avec Quentin Duroc ? ....
d. Quelle est la profession de Lisa Novak ? ....
e. Qui sont les collaborateurs de Françoise Manier ? ....
f. Combien de commerciaux il y a ? ....

Production écrite

8. Le personnel de la société Legrand assiste à un repas professionnel. Des cartons identifiants sont placés sur la table. Il y a des erreurs sur certains, et d'autres sont incomplets. Corrigez-les à partir de l'organigramme de l'exercice 7.

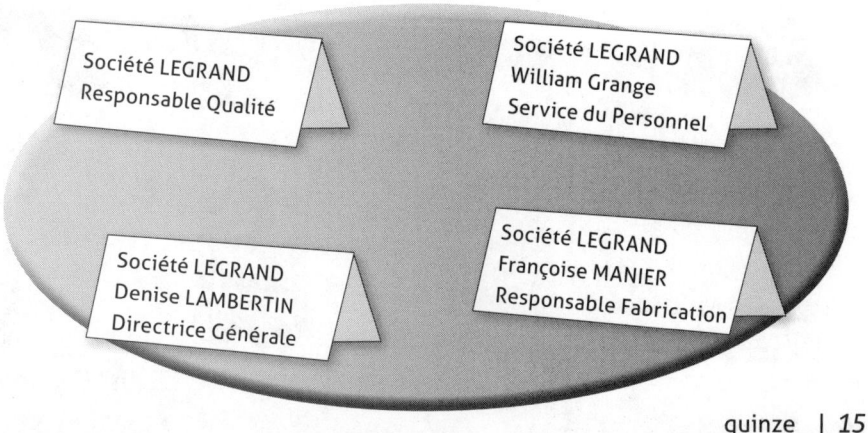

- Société LEGRAND — Responsable Qualité
- Société LEGRAND — William Grange — Service du Personnel
- Société LEGRAND — Denise LAMBERTIN — Directrice Générale
- Société LEGRAND — Françoise MANIER — Responsable Fabrication

quinze | 15

UNITÉ 2 — Mes débuts

Compréhension de l'oral

1. Écoutez le dialogue et répondez.

a. Qui est Guillaume Martin ? Et qui est Sarah Lehmann ?

b. Quel formulaire doit remplir Guillaume ?

c. Quels documents donne Sarah à Guillaume ?

d. À quoi sert la carte d'employé ?

e. Quels documents n'a pas Guillaume ?

Vocabulaire

2. Complétez le dialogue avec les mots de la liste.

coordonnées – contrat – à charge *– formulaire – assurance – signature – droit – capitales –* déterminée *– renseignements*

– Bonjour. Je m'appelle Sylvie, et je travaille au service des ressources humaines. Bienvenue dans notre entreprise. Voilà une copie de votre .... de travail : c'est un CDD.
– Qu'est-ce que ça veut dire « CDD »?
– Ça signifie « contrat à durée .... ». Pouvez-vous remplir ce .... s'il vous plaît ? C'est pour l'........................... .
– Bien sûr. Qu'est-ce que j'écris ici ?
– Ici, vous écrivez vos .... : le nom, le prénom, l'adresse, etc. Ce sont des .... indispensables.
– Et ici ?
– Ici les noms et prénoms de vos ayants ....
– Je ne comprends pas.
– Ce sont votre conjoint, et les enfants .... Attention, vous devez écrire en lettres ....
– Voilà, c'est fait.
– Merci. Ah, attendez, vous avez oublié la .... !

3. Reportez les étiquettes sur les photos.

Un pantalon
Un pull
Une chemise
Une cravate
Une jupe
Une robe
Une veste
Des chaussures

a .... b .... c .... d ....
e .... f .... g .... h ....

LEÇON 2

4. Complétez librement.
a. – Que porte la directrice ce matin ? – Elle porte une .... et un ....
b. Aujourd'hui tu es très élégant avec ce .... et ces ....
c. La tenue de Nicolas n'est pas appropriée pour le bureau : il porte un .... et des ....
d. J'aime le week-end : je m'habille librement. Je porte des .... et un .... et surtout, je ne porte pas de .... !

Grammaire

5. Mettez les termes à la forme qui convient.
a. Il aime les .... (costume – bleu)
b. Pierre et Maïka ont deux .... (grand – fille)
c. Nous avons de .... de travail. (long – journée)
d. Elle achète de .... toutes les semaines. (nouveau – jupe)
e. Il porte toujours de .... (beau – pantalon) et de .... (beau – chemise)

Production écrite

6. Vous changez de situation professionnelle. Vous remplissez le formulaire destiné à la Sécurité Sociale.

▶ **Identification de l'assuré(e)**

Votre n° de sécurité sociale ☐☐ ☐☐ ☐☐ ☐☐ ☐☐☐ ☐☐☐ ☐☐

Vos nom et prénoms ....
(Nom de famille (de naissance) suivi du nom (facultatif et s'il y a lieu) ; prénoms dans l'ordre de l'état civil)
(Si vous êtes artiste auteur et que vous utilisez un pseudonyme, précisez-le après votre nom de famille)

Votre date de naissance ☐☐ ☐☐ ☐☐☐☐

Votre adresse ....
....

Code Postal ☐☐☐☐☐ Commune ....
Votre n° de téléphone ☐☐ ☐☐ ☐☐ ☐☐ ☐☐ Votre courriel ....

▶ **Votre ancienne situation**

Si vous changez de régime, organisme auprès duquel vous perceviez vos prestations de Sécurité Sociale :
....
Bénéficiez-vous d'une pension d'invalidité ☐ ou d'une rente accident du travail/maladie professionnelle ☐ ?

▶ **Votre nouvelle situation**

Salarié(e) ☐ depuis le ☐☐ ☐☐ ☐☐☐☐
Agent de la Fonction Publique ☐ ▶ d'État ☐ Territoriale ☐ Hospitalière ☐
▶ Titulaire ☐ Contractuel ☐ depuis le ☐☐ ☐☐ ☐☐☐☐
Sans activité ☐
Autre situation ☐ *Si votre situation ne correspond pas à celles figurant ci-dessus, veuillez préciser votre nouvelle situation :*
....

▶ **Votre situation personnelle**

Avez-vous un conjoint, partenaire PACS, concubin sans activité, rattaché à votre régime actuel et qui demande également le changement de régime ? Oui ☐ Non ☐
(Si oui, merci de lui demander de compléter les rubriques ci-dessous et de fournir une photocopie d'une pièce d'identité ou d'un titre de séjour et un relevé d'identité bancaire)
Son n° de sécurité sociale ☐☐ ☐☐ ☐☐ ☐☐ ☐☐☐ ☐☐☐ ☐☐

Signature du conjoint, partenaire PACS ou concubin

Ses nom et prénoms : ....
(Nom de famille (de naissance) suivi du nom d'usage (facultatif et s'il y a lieu) ; prénoms dans l'ordre de l'état civil)

UNITÉ 2 — Mes débuts

Compréhension de l'oral 🎧

1. Écoutez et associez aux photos.

a. .... b. .... c. .... d. ....

1. 2. 3. 4.

Vocabulaire

2. Complétez les phrases.
logiciel – accès – règles de sécurité – mot de passe – adresse e-mail – portable – service – identifiant

a. Cet ordinateur est configuré avec le .... de gestion comptable.

b. Je travaille au .... informatique. Nous sommes 4 informaticiens en tout, et le responsable de service.

c. Je n'ai pas .... à ma messagerie. J'ai oublié mon ....

d. Mon .... est lucie.p@adex.com.

e. Mon ordinateur fixe est en réparation. Mais j'ai un ordinateur ....

f. Nous respectons toujours les .... et nous demandons toujours d'introduire l'........................... sur les ordinateurs de l'entreprise.

Grammaire

3. Associez les questions et les réponses.

a. Combien de personnes travaillent dans ton service ?
b. Comment allez-vous ?
c. Est-ce que Pauline travaille avec toi ?
d. Où se trouve le bureau de Chloé ?
e. Quel est le nom du nouveau directeur ?

1. Bien, merci.
2. Dans le bâtiment principal.
3. Guillaume Lefèvre.
4. Non.
5. Nous sommes 4.

4. Un nouveau collègue arrive dans votre service. Posez-lui des questions.

a. Une interrogation simple à intonation montante.

....

b. Une interrogation simple avec *est-ce que + sujet + verbe*.

....

c. Une interrogation simple avec la structure *verbe + sujet*.

....

d. Une interrogation totale avec *combien*.

....

e. Une interrogation totale avec *comment*.

....

f. Une interrogation totale avec *où*.

....

LEÇON 3

Compréhension de l'écrit

5. Lisez ce fragment d'article et répondez aux questions.

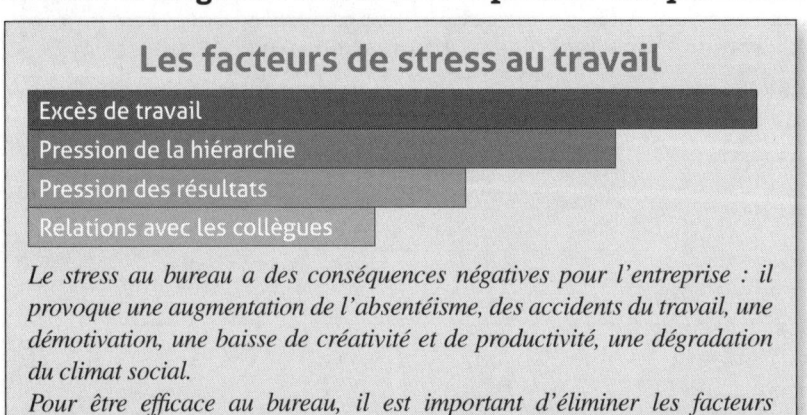

Les facteurs de stress au travail

- Excès de travail
- Pression de la hiérarchie
- Pression des résultats
- Relations avec les collègues

Le stress au bureau a des conséquences négatives pour l'entreprise : il provoque une augmentation de l'absentéisme, des accidents du travail, une démotivation, une baisse de créativité et de productivité, une dégradation du climat social.
Pour être efficace au bureau, il est important d'éliminer les facteurs générateurs de stress : c'est le rôle des chefs d'entreprise, des directeurs de ressources humaines, des responsables de... (lire la suite)

a. De quoi parle l'article ? ....

b. Quelles sont les conséquences du stress au travail ? ....

c. Le stress augmente ....

d. Le stress diminue ....

e. Quel est le principal facteur de stress au travail ? ....

f. Les relations avec les collègues ont une influence sur le stress ? ....

Production écrite

6. Vous écrivez un mail à votre responsable de service, vous expliquez que vous êtes stressé au bureau. Utilisez les mots proposés.
être *stressé(e) – inefficace – augmenter – démotivé(e) – travail*

De :
À : responsableservice@entreprise88.fr
Cc :
Objet :

Phonétique

7. Transformez ces phrases affirmatives en phrases interrogatives, et dites-les à haute voix avec l'intonation correcte.

a. Il s'appelle Dominique. → Il .... ?
b. Les règles de sécurité sont respectées. → Est-ce que .... ?
c. Vous travaillez dans l'audiovisuel. → Travaillez- .... ?
d. Elle parle trois langues étrangères. → Est-ce qu' .... ?

dix-neuf | 19

UNITÉ 2 Test

1 Mettez les mots de la liste dans la colonne « Secteurs d'activité » ou dans la colonne « Professions ». ..../5

comptable – électricité – transport – commerce – directeur – btp – ingénieur – informatique – webmaster – énergie – communication – secrétaire – consultant

Secteurs d'activité	Professions

2 Écrivez ces phrases au pluriel. ..../5

a. Ce travail est fatigant et difficile. → ....
b. C'est le nouveau directeur de l'usine. → ....
c. Quel est le prix de l'article ? → ....
d. Vous avez un journal économique allemand ? → ....
e. C'est une zone avec une entreprise de transport international. → ....

3 Associez les mots des deux listes. ..../3

a. les coordonnées •   • 1. capitales
b. un contrat •   • 2. de renseignements
c. une mutuelle •   • 3. personnelles
d. un formulaire •   • 4. de travail
e. un ayant •   • 5. droit
f. en lettres •   • 6. santé

4 Complétez avec la phrase qui convient. ..../4

1. Elle porte une robe longue et des chaussures à talons.	2. Elle porte un pantalon noir et une chemise bleue.
3. Elle porte un jeans et des baskets.	4. Elle porte un short et un tee-shirt.

a. Elle va au bureau. → ....   c. Elle est à la maison. → ....
b. Elle va à un mariage. → ....   d. Elle sort avec des amis. → ....

5 Proposez une question pour ces réponses. ..../3

a. – .... ?
– Je vais bien, merci.
b. – .... ?
– C'est le nouveau responsable du service informatique.
c. – .... ?
– J'habite 3, rue de la gare.
d. – .... ?
– Son bureau est ici, c'est cette porte.
e. – .... ?
– Non, je travaille à la comptabilité.
f. – .... ?
– Oui, je travaille le samedi.

6 Complétez les phrases avec le terme qui convient. ..../5

a. Voici mon .... : sophie.bleu@latavia.com.
b. Je ne connais pas ce .... Je vais demander une formation au service informatique.
c. Mon ordinateur fixe ne fonctionne pas. J'ai demandé un ordinateur ....
d. J'ai oublié le mot de .... Je n'ai pas accès à ma messagerie.
e. Cette entreprise est très rigoureuse avec les règles de ....

20 | vingt

UNITÉ 3

Mon installation

LEÇON 1

- Un appartement
- Un ascenseur
- Un étage
- Un salon
- Une salle à manger
- Un séjour
- Une cuisine / Une cuisine américaine
- Une chambre
- Un couloir
- Une salle de bains
- Les toilettes
- Une pièce
- Un bureau
- Un espace de reproduction
- Un serveur informatique
- Une salle de réunion
- Une visioconférence
- L'accueil
- Un open space
- Un local de ménage
- À droite de
- À gauche de
- Entre ...... et ......
- Sur
- Sous
- En face de
- À côté de
- Près de
- Derrière
- Devant

LEÇON 2

- Un siège
- Un bureau
- Un bloc
- Un écran
- Un clavier
- Une lampe
- Des dossiers (*masculin*)
- Des lunettes (*féminin*)
- Un crayon
- Une souris
- Des feutres (*masculin*)
- Un canapé
- Une table basse
- Un fauteuil
- Une chaise
- Un bureau
- Un lit
- Un matelas
- Une cuisinière
- Un four
- Un lave-vaisselle
- Un(e) graphiste
- Un(e) journaliste
- Un bloggeur / une bloggeuse
- Un(e) consultant(e)
- Le coworking / le cotravail
- Une colocation
- Indépendant(e)
- Stimulant(e)
- Convivial(e)
- En réseau
- Se retrouver

LEÇON 3

- Aimer
- Adorer
- Détester
- Préférer
- Le bien-être
- Un cadre
- Une ambiance
- Une pause
- Une salle de jeux, de massage, de sport
- Être attentif / attentive
- Bénéfique
- Agréable
- Convivial(e)
- Relaxant(e)
- Vaste
- Lumineux / lumineuse
- Moderne
- Tranquille
- Se détendre
- S'amuser

UNITÉ 3 — Mon installation

Compréhension de l'oral

1. Écoutez et répondez.

a. Qui sont les 2 personnes qui parlent ?
....

b. Quelles sont les pièces / espaces de la maison cités dans le dialogue ?
– ....   – ....
– ....   – ....
– ....   – ....
– ....

c. Quelle est la particularité de la cuisine ?
....

d. Qu'est-ce qu'il y a en face de la cuisine ? ....

e. Où est la salle de bain ? ....

f. Qu'est ce qu'il y a à côté de la salle de bain ? ....

2. Réécoutez le dialogue et complétez le plan de l'appartement. Placez les pièces suivantes :
couloir – salon – cuisine – bureau – chambre – toilettes

Entrée	.... ou	Chambre	....
	....		
	.... /	Salle de bain	

Vocabulaire

3. Choisissez le mot correct.

a.
☐ un salon
☐ une salle à manger
☐ une cuisine

b.
☐ une salle de bain
☐ des toilettes
☐ un couloir

c.
☐ un couloir
☐ une entrée
☐ un étage

d.
☐ un salon
☐ une chambre
☐ un bureau

4. Trouvez le bon mot.

a. Dans cette pièce, il y a la photocopieuse : ....
c. C'est le lieu où travaille un réceptionniste : ....
b. C'est le contraire d'un bureau individuel : ....
d. C'est une conférence par internet/par écran : ....

LEÇON 1

5. Observez les bureaux de l'entreprise Aveta et complétez pour situer dans l'espace.

a. La photocopieuse est .... l'escalier.
b. L'imprimante est .... le bureau.
c. L'open space est .... bureau du responsable marketing.
d. La salle de réunion est .... le bureau de l'assistante et le bureau du commercial.

Grammaire

6. Complétez les suites logiques par un nombre ordinal.

a. Premier / ....
b. Cinquième / sixième / ....
c. Deuxième / .... / sixième/ huitième
d. Troisième / .... / premier
e. .... / sixième / troisième
f. Cinquième / dixième / ....

7. Complétez par un article défini ou indéfini.

a. Voici .... bureau de Jérémie.
b. Bruno travaille pour .... agence immobilière.
c. .... photocopieuse se trouve dans .... salle de reproduction au premier étage.
d. Il y a .... toilettes à l'étage.
e. Je travaille dans .... openspace.
f. .... employés de .... entreprise VOLATIS travaillent au 3ème étage.

Compréhension de l'écrit

8. Lisez la description de l'appartement et répondez.

> Alors, cet appartement ?

> Il est magnifique, c'est l'appartement idéal. Quand tu entres, il y a un petit couloir. À droite, il y a deux chambres, une grande chambre lumineuse et une autre chambre plus petite. C'est possible de faire un bureau dans la petite chambre. Entre les deux chambres, il y a la salle de bain, elle est grande et moderne. La cuisine est ouverte sur le salon. Le salon est très grand. L'appartement est au 2ᵉ étage d'un immeuble et il y a un ascenseur.

	Vrai	Faux
a. Il y a un couloir quand on entre dans l'appartement.	☐	☐
b. Les chambres sont à gauche du couloir.	☐	☐
c. Il y a trois chambres.	☐	☐
d. La salle de bain est entre la cuisine et le salon.	☐	☐
e. C'est une cuisine américaine, ouverte sur le salon.	☐	☐
f. Le salon est petit.	☐	☐
g. L'appartement est au deuxième étage d'un immeuble.	☐	☐
h. Il n'y a pas d'ascenseur dans l'immeuble.	☐	☐

Production écrite

9. Vous avez un nouvel appartement. Vous envoyez un mail à un collègue de travail pour lui décrire votre nouvel appartement. Vous dites quelles pièces il y a, vous situez toutes les pièces. Faites l'exercice sur une feuille séparée. 60 mots minimum

UNITÉ 3 — Mon installation

Compréhension de l'oral

1. Écoutez et répondez.

a. Qui sont les personnes qui parlent ? ....
b. Où sont-elles ? ....
c. Quels espaces de l'entreprise sont présentés ici ?
....
....

d. Cochez les phrases correctes :
☐ Il y a 32 personnes dans l'open space.
☐ Il y a 35 tables et chaises dans l'open space.
☐ Sur chaque table il y a une imprimante.
☐ Sur chaque table, il y a un téléphone.

e. Quel petit matériel de bureau a Daphné sur son bureau ?
☐ des crayons ☐ des feutres ☐ des stylos
☐ des feuilles de papier ☐ un bloc ☐ des dossiers

f. Où se trouve la salle de pause ? ....

g. Cochez les meubles cités par Grégory :
☐ des fauteuils ☐ un canapé ☐ des tables ☐ des chaises

h. Quels objets il y a dans la salle de pause ?
☐ un matelas ☐ un micro-ondes ☐ une machine à café ☐ un lave-vaisselle

i. Cochez les phrases correctes :
☐ Il n'y a pas de restaurant d'entreprise.
☐ Il y a un restaurant d'entreprise au 2ᵉ étage.
☐ Il y a un restaurant d'entreprise au rez-de-chaussée.
☐ Il y a des cafés et restaurants dans le quartier.
☐ Les employés ne peuvent pas déjeuner en salle de pause.
☐ Les employés peuvent apporter leur repas et déjeuner en salle de pause.

Vocabulaire

2. Associez chaque objet à une pièce.

a. Une table
b. Un lave-vaisselle
c. Un micro-ondes
d. Un matelas
e. Un fauteuil
f. Un ordinateur
g. Un lit
h. Un four
i. Des chaises
j. Une table basse

1. La cuisine
2. Le salon
3. Le bureau
4. La chambre

3. Qu'est-ce que c'est ?

24 | vingt-quatre

LEÇON 2

4. Complétez par les mots proposés.
conviviale – coworking – journaliste – colocation – se retrouver – stimulant – bloggeur

a. Moi, je suis .... pour la presse écrite et je travaille dans un espace de ....

b. C'est un peu comme de la ....

c. Paul travaille dans cet espace, il travaille sur un ordinateur toute la journée, il est ....

d. L'ambiance est ....

e. .... dans cet endroit, c'est .... pour nous tous.

Grammaire

5. Complétez par le pronom sujet ou le pronom tonique.

a. Pascal aime travailler chez ....

b. .... travailles à Paris ?

c. .... déjeunons au restaurant de l'entreprise ou chez ...., ça dépend.

d. Oui, Hélene et Valérie sont mes collègues. Je travaille avec ....

e. John est marié avec Maria mais il n'habite pas avec ....

f. .... c'est Maxime, le directeur et .... c'est Marjolaine, son assistante.

Compréhension de l'écrit

6. Lisez le forum ci-dessous et répondez aux questions.

Forum

Sébastien, 39 ans, je suis consultant et je recherche un espace de coworking pour travailler dans une ambiance calme, sympa et ne pas travailler de chez moi. L'idéal est un espace lumineux, moderne. Je souhaite travailler dans un lieu qui mélange des professions créatives, innovantes et avoir accès à une salle de réunion avec projecteur. J'attends vos idées, partagez vos adresses.

Élodie, 38 ans Consultante	Salut Sébastien, je travaille dans un espace partagé assez petit mais agréable dans le 9e arrondissement de Paris. Il y a 10 tables disponibles, il reste deux tables qui ne sont pas louées. Il y a une salle de réunion à réserver si besoin et les gens qui ont un espace sont très sympas.
Pablo, 34 ans Commercial	Moi, je suis dans un très grand espace, dans le 10e arrondissement de Paris. Il y a la possibilité d'organiser des réunions et des conférences. C'est un endroit calme, tu travailles à côté de gens sympas et tranquilles. Si tu ne veux pas travailler de chez toi, c'est le lieu idéal.

a. De quoi parlent Élodie et Pablo sur le forum ?

b. Pourquoi Sébastien recherche un espace de coworking ?

c. Combien de tables il y a dans l'espace de travail d'Élodie ?

d. Comment sont les personnes qui travaillent avec Élodie ?

e. Où travaille Pablo ? Qu'est-ce qu'on peut organiser dans l'espace de coworking de Pablo ?

Production écrite

7. Vous répondez à Sébastien sur le forum (exercice 6). Vous lui expliquez comment est votre espace de coworking. Vous parlez des personnes qui partagent cet espace et de l'ambiance dans l'espace. Faites l'exercice sur une feuille séparée.

vingt-cinq | 25

UNITÉ 3 — Mon installation

Compréhension de l'oral 🎧

1. Écoutez ces 4 personnes et répondez.

a. De quoi parlent les 4 personnes ? ....

b. Pour chaque personne, répondez :

• **1er homme :**
Que pense cet homme du télétravail ? ....
Pourquoi ? ....
Complétez la phrase : J' .... faire du .... parce que je n'ai pas à prendre les .... pour aller ....

• **1ère femme :**
Qu'est-ce que cette femme préfère ? ....
Qu'est-ce qu'elle peut faire pendant la pause-déjeuner ? Pourquoi ?
....

Complétez la phrase : Nous avons aussi une .... et j' .... prendre un café avec ....
Pourquoi cette femme fait peu de télétravail ? ....

• **2ème homme :**
Quelle est la profession de cet homme ? ....
Où il travaille ? ....
Pourquoi cet homme aime travailler dans cet espace ?
☐ parce qu'il partage son espace de travail avec des professions différentes.
☐ parce qu'il aime voir travailler des architectes.
☐ parce qu'il peut être au travail et s'occuper de ses enfants.
Complétez la phrase : C'est super, j' .... voir comment travaillent les autres et .... chez .... c'est compliqué avec les ....

• **2ème femme :**
Quelle est la profession de cette femme ? ....
Qu'est-ce qu'elle pense du télétravail ? ....
Pourquoi ? (3 réponses attendues)
....

Complétez la phrase : J' .... aussi .... au bureau et voir ...., déjeuner avec .... C'est sympa.

Vocabulaire

2. Complétez les phrases par un verbe pour exprimer les goûts.

a. Philippe .... le télétravail. ♥♥

b. Emma .... travailler dans un open-space. ✗

c. Mathieu .... faire du sport. ♥

d. Virginie .... manger au restaurant d'entreprise. ✗✗

LEÇON 3

Grammaire

3. Conjuguez les verbes au présent de l'indicatif.
a. Les employés .... *(préférer)* manger en salle de pause.
b. Charlotte .... *(ne pas aimer)* faire du yoga.
c. Nous .... *(détester)* faire du sport.
d. Vous .... *(préférer)* manger au restaurant ou chez vous ?

4. Associez les questions aux réponses.
a. Pourquoi tu n'aimes pas le télétravail ?
b. Pourquoi tu ne déjeunes pas au restaurant de ton entreprise ?
c. Pourquoi Léa partage un espace de coworking ?
d. Pourquoi Pablo aime travailler en open-space ?

1. Parce que je préfère déjeuner chez moi.
2. Parce que ses collègues sont sympas et l'ambiance est conviviale.
3. Parce que j'aime voir mes collègues de travail et travailler en équipe.
4. Parce qu'elle adore partager un espace avec des personnes de professions différentes.

Compréhension de l'écrit

5. Lisez cet article et répondez.

> Les entreprises aujourd'hui pensent au bien-être de leurs employés. Un employé heureux au travail est un employé productif et performant. Mais comment font ces entreprises ? Elles ont des espaces de détente, salles de pause, salles de jeux, salle de massages et permettent aussi aux employés de faire du sport, de se réunir sur la terrasse pour un after-work par exemple. Travailler en open-space dans une ambiance conviviale aussi peut être une source de bien-être pour les employés. Et le cadre, les locaux spacieux, modernes et lumineux sont importants. Si les employés travaillent dans un joli cadre, ils sont motivés et contents d'aller travailler.

	Vrai	Faux
a. Le bien-être des employés est important pour les entreprises.	☐	☐
b. Les entreprises ont des espaces de détente pour le bien-être des employés.	☐	☐
c. Aujourd'hui les employés peuvent faire du sport sur leur lieu de travail.	☐	☐
d. Travailler en open-space n'est pas source de bien-être au travail.	☐	☐
e. Si les personnes travaillent dans un beau cadre, ils sont motivés.	☐	☐

Production écrite

6. Et dans votre entreprise, le bien-être est important ? Décrivez les espaces de votre entreprise, parlez de l'ambiance avec vos collègues et expliquez pourquoi votre entreprise pense ou non à votre bien-être.

....
....
....

Phonétique

7. Lisez les phrases à haute voix et barrez les « e » finaux qui ne se prononcent pas.
a. un code d'accès
b. un mot de passe confidentiel
c. les règles pour la sécurité
d. un téléphone portable
e. une adresse électronique

vingt-sept | 27

UNITÉ 3 Test

① Cochez l'article qui convient. ...../4

a. C'est .... chambre de Pablo. ☐ le ☐ la ☐ un ☐ une
b. Sur chaque table, il y a .... imprimante. ☐ le ☐ la ☐ un ☐ une
c. Dans mon entreprise, il y a .... restaurant. ☐ le ☐ la ☐ un ☐ une
d. Dans la salle de pause, il a .... fauteuils pour se reposer. ☐ les ☐ des

② Lisez le texte et complétez par le(s) mot qui convien(nen)t. ...../4

> Mon entreprise est à la Défense à Paris. L'open space est au troisième étage et au quatrième, il y a la salle de pause et les bureaux individuels. Pour déjeuner, c'est au choix, nous avons un restaurant d'entreprise au premier étage ou alors, dans le quartier, il y a des bars et des restaurants. Pour les réunions, nous avons trois salles, deux grandes et une petite. Les deux grandes salles de réunions sont en face de l'open space au troisième étage et la petite salle de réunion et au quatrième étage, entre les bureaux individuels du responsable marketing et du directeur financier.

a. L'open space est au .... étage.
b. Au quatrième étage, il y a la .... et des bureaux individuels.
c. Pour .... il y a un restaurant d'entreprise ou des bars dans le quartier.
d. Le restaurant d'entreprise est au premier ....
e. Pour les .... il y a trois salles.
f. Les deux grandes salles de réunions sont .... l'open space.
g. La .... salle de réunion est au quatrième étage.
h. La petite salle de réunion est entre les .... de deux responsables.

③ Cochez le pronom tonique correct. ...../2

a. Pascale et Sylvie aiment travailler de chez .... ☐ eux ☐ elles ☐ vous
b. .... , j'aime aller au gymnase après le travail. ☐ Moi ☐ Toi ☐ Lui
c. Antony du service comptable ? Oui je déjeune avec .... parfois. ☐ lui ☐ elle ☐ eux
d. Pascaline et Léo, je fais du coworking avec .... ☐ nous ☐ eux ☐ vous

④ Reliez les questions et les réponses. ...../4

a. Pourquoi tu ne manges pas au restaurant de l'entreprise ?
b. Pourquoi tu as un bureau individuel ?
c. Pourquoi tu n'aimes pas le coworking ?
d. Pourquoi tu fais du yoga ?

1. Parce que j'aime ce sport.
2. Parce que ce sont les commerciaux qui sont dans l'open space.
3. Parce que j'aime travailler de chez moi.
4. Parce que j'aime sortir déjeuner dans un restaurant en face de l'entreprise.

⑤ Complétez les phrases par les verbes correctement conjugués. ...../6

a. Nous .... (adorer) le mur d'escalade de notre entreprise.
b. Vous .... (préférer) le télétravail ou travailler dans vos locaux ?
c. Elles .... (aimer) prendre un café en salle de pause.
d. Tu .... (préférer) faire du sport avant ou après le travail ?
e. Je .... (détester) le coworking.
f. Il .... (adorer) travailler en open space.

28 | ving-huit

UNITÉ 4

Mon emploi du temps

LEÇON 1

- La semaine / Les jours
- Lundi
- Mardi
- Mercredi
- Jeudi
- Vendredi
- Samedi
- Dimanche
- Le week-end (samedi / dimanche)
- Les mois
- Janvier
- Février
- Mars
- Avril
- Mai
- Juin
- Juillet
- Août
- Septembre
- Octobre
- Novembre
- Décembre
- Les saisons
- Le printemps
- L'automne (*masculin*)
- L'été (*masculin*)
- L'hiver (*masculin*)
- Le matin
- L'après-midi
- Le soir
- La nuit
- En début de matinée / d'après-midi
- En fin de matinée / d'après-midi
- Hier
- Aujourd'hui
- Demain

LEÇON 2

Demander l'heure
- Quelle heure est-il ?
- Il est quelle heure ?
- Vous avez l'heure, s'il vous plaît ?
- À quelle heure est la réunion ?

Dire l'heure le matin
- Il est 8 heures, 9 heures, 11 heures…
- Il est 12 heures. / Il est midi.

Dire l'heure l'après-midi
- Il est 1 heure de l'après-midi. / Il est 13 heures.
- Il est 3 heures de l'après-midi. / Il est 15 heures.
- Il est 9 heures du soir. / Il est 21 heures.
- Il est 24 heures. = Il est minuit.
- Il est 10 h 15. / Il est 10 heures et quart.
- Il est 14 h 30. / Il est 2 heures et demie.
- Il est 11 heures moins dix. / Il est 10 h 50.
- Il est 9 heures moins le quart. / Il est 8 h 45.

LEÇON 3

- Un rendez-vous
- Un empêchement
- Un déplacement
- Les vacances (*féminin*)
- Être libre
- Être disponible
- Être possible
- Être désolé(e)
- Annuler
- Confirmer
- Fixer
- Vérifier
- Cordialement / Bien cordialement
- Recevez, Madame, Monsieur, nos salutations les meilleures.
- Avec nos salutations les meilleures.
- Dans l'attente de vous rencontrer…

UNITÉ 4 — Mon emploi du temps

Compréhension de l'oral

1. Écoutez et associez.

a. La réunion • • 1. Le 28/11
b. La visite de la délégation allemande • • 2. Le 30/11/92
c. L'assemblée générale • • 3. Le 23/10
d. Les 25 ans de l'entreprise • • 4. Le 20/09
e. La date de la fondation de l'entreprise • • 5. Le 22/09

Vocabulaire

2. Observez les annonces et associez au lexique.

a. Fête d'inauguration Lundi de 20h à 23h

b. Le restaurant d'entreprise est fermé de 7h00 à 12h00

c. Réunion générale : salle de conférence Demain de 11h à 12h

d. Attention : mise à jour des ordinateurs demain de 18h à 19h

e. OUVERTURE DU SALON : 22 octobre à 14 h

f. Visite médicale : lundi et mardi de 8h30 à 10h00

| 1. le matin | 2. l'après-midi | 3. le soir |
| 4. en début de matinée | 5. en fin de matinée | 6. en fin d'après-midi |

1 : .... 2 : .... 3 : .... 4 : .... 5 : .... 6 : ....

3. Complétez avec les mots de la liste.
à quelle heure – après-midi – aujourd'hui – le soir – demain – en fin de matinée

– Tu es libre .... à 11 heures ?
– Non, désolée, j'ai un rendez-vous .... Mais je suis libre l'.................... .
– Ah, non, c'est moi qui ne suis pas libre. Je vais chez le dentiste à 14 heures. Et .... ?
– Oui, je crois que c'est possible. .... ?
– À 20 heures, ça te va ?
– Ah non, ... je sors avec des collègues. Mais à 17 heures je suis libre.
– Bon, d'accord...

4. Faites des phrases et écrivez les dates, comme dans l'exemple.

| Anniversaire : 23/06 L'anniversaire de Paul est le 23 juin. | a. Inauguration : 13/09 | b. Vacances : 22/12 |
| c. Réunion : 07/10 | d. Rendez-vous : 31/05 | e. Départ : 10/02 |

30 | trente

LEÇON 1

5. Associez les phrases et les saisons.

a. Il arrive le 1ᵉʳ juillet.   •   • 1. Le printemps
b. Nous fermons du 23 décembre au 2 janvier.   •   • 2. L'été
c. Nous sommes au salon international du 3 au 7 avril. • • 3. L'automne
d. Elle ne travaille pas du 7 au 10 octobre.   •   • 4. L'hiver

Grammaire

6. Complétez avec l'adjectif démonstratif à la forme correcte.

a. .... homme est le directeur.
b. Nous avons rencontré .... personnes à la conférence internationale.
c. Je ne suis pas libre .... semaine.
d. Je vous recommande .... hôtel.
e. Ils sont à toi .... papiers ?

7. Complétez avec un nom.

a. J'aime beaucoup ce ....
b. Vous connaissez cette .... ?
c. Cet .... est très célèbre.
d. Est-ce que ces .... sont à toi ?

Compréhension de l'écrit

8. Lisez le texte et répondez aux questions.

> L'entreprise Mapro a été fondée le 1ᵉʳ juin 1992. Nous avons une grande activité pendant les mois de janvier, février et mars. Pendant ces trois mois, nous avons de longues journées, et terminons à 22 heures. Les week-ends, nous ne travaillons pas. Les mois de l'été sont des mois très tranquilles, et nous travaillons de 8 heures à 13 heures. À Noël, le 24, nous terminons la journée de travail à 14 heures. Et le Jour de l'An, nous ne travaillons pas. Pour l'anniversaire de la fondation de l'entreprise, nous organisons une grande fête, de 20 heures à minuit.

a. L'entreprise a été fondée .... (*au printemps / en été*)
b. L'époque de grande activité, c'est .... (*le printemps / l'hiver*)
c. Pour l'anniversaire de l'entreprise, il y a une fête .... (*l'après-midi / le soir*)
d. En juillet et août, les employés travaillent .... (*le matin / l'après-midi*).
e. En hiver, ils travaillent le soir.   Vrai ☐   Faux ☐
f. Le 1ᵉʳ janvier, le personnel travaille.   Vrai ☐   Faux ☐
g. Chez Mapro, ils travaillent le samedi.   Vrai ☐   Faux ☐
h. Le 24 décembre, le personnel travaille toute la journée. Vrai ☐   Faux ☐

UNITÉ 4 — Mon emploi du temps

Compréhension de l'oral

1. Écoutez et répondez.

a. À quelle heure Pablo commence à travailler ? ....
b. À quelle heure il termine normalement ? ....
c. Le déjeuner se prend à quelle heure ? ....
d. À quelle heure Pablo dîne le soir ? ....
e. À quelle heure ferment les supermarchés ? ....
f. Et les hypermarchés ? ....
g. Les banques ouvrent l'après-midi ? ....

Vocabulaire

2. Écrivez les heures.

a. 10:50 – Il est .... moins ....
b. 12:15 – Il est .... et ....
c. 14:55 – Il est .... moins ....
d. 20:45 – Il est .... moins ....
e. 05:05 – Il est ....

3. Choisissez la proposition correcte.

a. Excusez-moi. Vous *avez / êtes* l'heure?
b. *Il / Elle* est quelle heure ?
c. Il est sept heures *et dix / dix*.
d. Le train part à vingt heures *quinze / et quart*.
e. Nous avons une réunion à *minuit / midi* et demie.

4. Lisez le texte et dites à quelle illustration il correspond.

> *Les bureaux sont ouverts du lundi au vendredi de huit heures et demie à midi et de deux heures à six heures et demie, et le samedi de neuf heures et demie à une heure et quart.*

a. Ouverture :
Du lundi au vendredi
8h00-12h30 et
14h00-18h00
Le samedi : 9h00-13h00

b. Ouverture :
Du lundi au vendredi
8h30-12h00 et
14h00-18h30
Le samedi : 9h30-13h15

c. Ouverture :
Du lundi au vendredi
8h30-12h30 et
14h00-18h30
Le samedi : 9h00-13h15

Grammaire

5. Entourez la forme correcte.

a. Ce matin je *vais / veux* à une réunion importante.
b. Est-ce que vous *voulez / allez* à Paris la semaine prochaine ?
c. Qu'est-ce que vous *allez / voulez* pour déjeuner ?
d. La salle de réunion? Tu *vas / veux* à droite, c'est la salle 7.

LEÇON 2

6. Répondez aux questions librement.

a. Vous pouvez m'accompagner ?
– Non, ...

b. Elles doivent travailler tard ce soir ?
– ....

c. Tu veux venir avec moi à cette exposition ?
– ....

d. Nous devons prendre le vol de 7h55 ?
– ....

e. Elle veut partir en Allemagne ?
– ....

Compréhension de l'écrit

7. Lisez le texte et répondez aux questions.

Une journée avec un chef de rayon Leclerc
▶ **Lundi 7 mars**

5h30 : Philippe Liénard, le chef de rayon charcuterie-traiteur du magasin Leclerc de Vitry-sur-Seine arrive au magasin. Il n'est pas le premier à pénétrer dans le magasin. Les équipes des rayons libre-service travaillent depuis 4h00 déjà. Un petit bonjour à tout le monde et Philippe monte à son bureau. Il enfile sa blouse de travail et prend connaissance du chiffre d'affaires réalisé le samedi. « *Je pense qu'on a très bien travaillé* ». La journée commence bien.

8h00 : Il donne des instructions à son équipe : nettoyer tous les plats et les étagères, placer les nouveautés, remplir les plats, vérifier les étiquettes, etc. À 9 heures, le rayon s'illumine.

9h15 : Il commence à travailler, mais son téléphone sonne tout le temps : fournisseurs pressés de prendre les commandes en ce début de matinée ou représentants désireux d'obtenir un rendez-vous. Le chef de rayon demande de rappeler plus tard.

10h30 : Il termine son café et retourne au rayon.

11h25 : Il remonte dans son bureau où un représentant l'attend depuis une demi-heure déjà.

13h15 : Philippe Liénard descend travailler dans la réserve pendant 45 minutes : il empile les jambons, range les pâtés, aligne les boîtes de plats préparés.

14h00 : il s'accorde une pause d'une demi-heure pour déjeuner.

17h15 : Philippe est dans son bureau, et travaille sur son ordinateur; il introduit les codes des étiquettes. À 17h30, les étiquettes sont prêtes. Il retourne en rayon, et constate avec satisfaction que les clients affluent. Il quitte le magasin à 20h50. Un petit coup d'œil au chiffre d'affaires du jour : le compteur affiche + 36 %. Même avec 14 heures de travail dans les jambes, Philippe a encore la force de sauter de joie !

a. À quelle heure Philippe Liénard commence à travailler ? ....
b. À quelle heure il termine ? ....
c. Que fait Philippe Liénard à deux heures de l'après-midi ? ....
d. Et à cinq heures et quart ? ....
e. Quand est-ce qu'il rencontre un représentant ? ....
f. Est-ce qu'il est à son bureau à dix heures et demie ? ....

trente-trois | 33

UNITÉ 4 — Mon emploi du temps

Compréhension de l'oral 🎧

1. Écoutez les trois dialogues et répondez.

	Dialogue 1	Dialogue 2	Dialogue 3
Motif du rendez-vous			
Date et heure demandées			
La personne est disponible à la date demandée ?			
Jour et heure du rendez-vous définitif			

Vocabulaire

2. Complétez avec les mots de la liste.
libre – fixer – désolée – déplacement – confirmer – empêchement – rendez-vous – disponible – vérifier – possible

– Bonjour madame. Je voudrais un .... avec le docteur Malik.
– Quand êtes-vous .... monsieur ?
– Demain ou après-demain, ça m'est égal.
– Attendez un instant. Je vais .... son agenda. Ah, je suis ...., le docteur est en .... mardi et mercredi, il n'est pas .... Mais vous pouvez venir jeudi matin, c'est .... pour vous ?
– Non, jeudi matin j'ai un ...., mais je peux l'après-midi.
– Très bien, jeudi après-midi alors. Nous pouvons .... le rendez-vous à 16 heures ?
– C'est parfait. Vous pouvez me le .... par sms, s'il vous plaît ?
– Bien sûr monsieur. À jeudi alors.

Grammaire

3. Complétez les phrases en utilisant le verbe à l'impératif.
a. Tu veux partir en vacances ? .... *(chercher)* un hôtel pas cher !
b. Vous avez un problème de santé ? .... *(aller)* chez le médecin !
c. Tu veux un entretien ? .... *(rédiger)* ton CV !
d. Vous partez vivre à Londres ? .... *(louer)* un appartement !
e. Tu veux dîner avec Sophie ? .... *(réserver)* un restaurant !
f. Vous avez des problèmes d'argent ? .... *(demander)* un prêt à la banque !

4. Complétez les phrases librement en utilisant un verbe à l'impératif.
a. Je ne travaille pas aujourd'hui.
 – ....
b. J'ai rendez-vous à seize heures.
 – ....
c. Mon avion décolle dans une heure.
 – ....
d. Je suis en déplacement à Paris la semaine prochaine.
 – ....
e. Mon collègue est malade aujourd'hui.
 – ....

34 | trente-quatre

LEÇON 3

Compréhension de l'écrit

5. Vous trouvez cette note sur votre bureau. Répondez aux questions.

> Gaëlle,
> Monsieur Haltman a téléphoné. Il ne peut pas être ici pour la réunion de 14h00. Il demande s'il est possible de la reporter à 15 heures (il est bloqué à l'aéroport).
> Tu peux prévenir les collègues s'il te plaît (Éric et Stéphane) ?
> Envoie un sms à M. Haltman et confirme l'heure définitive de la réunion.
> Merci !
> Lucie

a. Où est monsieur Haltman ?
b. À quelle heure est prévue la réunion ?
c. Pourquoi il ne peut pas venir ?
d. Qui sont les personnes prévues pour la réunion ?
e. Quelle heure propose monsieur Haltman ?
f. Que doit faire Gaëlle ?

Production écrite

6. Stéphanie Ambert écrit un mail à Gérard Lang, un collègue. Elle demande s'il est disponible pour une réunion mercredi à onze heures. Elle indique le lieu de la réunion et demande confirmation. Rédigez le mail.

| Supprimer | Indésirable | Répondre | Rép. à tous | Réexpédier | Imprimer |

De :
Cc :
Objet :

UNITÉ 4 Test

1. Complétez avec les verbes *devoir*, *pouvoir* ou *vouloir* à la forme correcte. /6

a. Il ne .... pas travailler le dimanche.
b. Vous .... rencontrer ce client important.
c. Nous .... aller avec vous à ce salon, si vous ....
d. Tu ne .... pas utiliser le téléphone portable en voiture.
e. Ils .... terminer ce travail pour demain impérativement.
f. Elles ne .... pas assister à l'inauguration ; elles sont en déplacement.

2. Lisez le texte et complétez l'agenda. /5

Aujourd'hui, je vais à l'aéroport chercher un client canadien. Il arrive à sept heures et demie. À huit heures, nous arrivons tous les deux au bureau, et de huit heures à huit heures et demie, nous prenons un petit-déjeuner. À neuf heures et quart, il y a une réunion avec le service marketing pour parler d'un nouveau produit, et à onze heures vingt, j'ai une visioconférence avec le siège de Dublin. Je pense que nous allons déjeuner à une heure avec le client canadien, et à trois heures et quart, je l'accompagne à l'usine de Colmar. Normalement, je suis de retour au bureau à six heures, et je file à un rendez-vous avec un fournisseur italien. À huit heures, j'ai un dîner en famille, et demain matin, la journée est longue aussi...

06h00 : ....
06h30 : ....
07h00 : ....
07h30 : ....
08h00 : ....
08h30 : ....
09h00 : ....
09h30 : ....
10h00 : ....
10h30 : ....
11h00 : ....
11h30 : ....
12h00 : ....
12h30 : ....
13h00 : ....
13h30 : ....

14h00 : ....
14h30 : ....
15h00 : ....
15h30 : ....
16h00 : ....
16h30 : ....
17h00 : ....
17h30 : ....
18h00 : ....
18h30 : ....
19h00 : ....
19h30 : ....
20h00 : ....
20h30 : ....
21h00 : ....

3. Lisez ce message et réécrivez-le en utilisant « vous ». /4

Pierre, tu peux venir avec moi demain ? Si tu veux, va voir ton directeur et demande une journée de libre. Tu dois te reposer un peu. Tu vas à cette maison de campagne, et tu peux pratiquer du sport. Tu dois oublier le téléphone et les e-mails, si tu ne veux pas être malade.

....

4. Choisissez la réplique qui convient dans la colonne de droite. /5

– Bonjour monsieur. Pouvez-vous me donner un rendez-vous avec monsieur Moulard, s'il vous plaît ? 1. – .... – Euh..., je préfère mercredi, si c'est possible. 2. – .... – Le matin s'il vous plaît. 3. – .... – Onze heures vingt, c'est très bien. 4. – .... – Robin. Éric Robin. 5. – .... – Au revoir.	a. Alors, à neuf heures dix, ou onze heures vingt ? b. Mercredi ? Attendez... Le matin, l'après-midi ? c. Oui, voyons... Il est disponible jeudi matin à neuf heures. d. C'est noté. Au revoir monsieur. e. D'accord. Vous êtes monsieur... ?

UNITÉ 5

Action !

LEÇON 1

- Moderne
- Agréable
- Idéal(e)
- Long(ue)
- Différent(e)
- Vaste
- Varié(e)
- Nouveau (nouvel) / nouvelle
- Élégant(e)
- Compact(e)
- Un coloris
- Un choix
- Une matière
- Une tablette
- Un usage personnel / professionnel
- La taille
- Un écran

- Une définition
- La résolution
- Un clavier
- Une capacité
- Un modèle
- La puissance
- Coûter
- Efficace
- Excellent(e)
- Fin(e)
- Haut(e)
- Impressionnant(e)
- Léger / légère
- Lumineux / lumineuse
- Performant(e)
- Pratique
- Résistant(e)

- Séduisant(e)
- Blanc(he)
- Noir(e)
- Bleu(e)
- Rouge
- Vert(e)
- Jaune
- Gris(e)
- Rose
- Orange
- Violet(te)
- Marron
- Une couleur
- Une couleur vive
- Une couleur sombre
- Une couleur pâle

LEÇON 2

- Un forfait téléphonique
- Une offre
- Un giga
- Un SMS
- Un appel
- Hors taxe (HT)
- Toutes taxes comprises (TTC)
- La livraison
- Livrer
- Un(e) destinataire
- Un code barre
- Un tarif
- Un délai
- Urgent(e)
- Suivre

Demander un prix
- Combien ça coûte ?
- C'est combien ?
- Quel est le prix ?
- C'est à quel prix ?

LEÇON 3

- Un anniversaire
- Une naissance
- Un mariage
- Un bouquet
- Un tarif
- Original(e)
- Réduit(e)
- Une page internet
- Un site internet
- Un utilisateur / une utilisatrice
- Un investissement
- Un(e) fan
- Le public
- Un commentaire

- Poster
- Partager
- Un conseiller / une conseillère
- Un devis
- Une assurance
- Personnalisé(e)
- Un réseau social
- Un impact
- Un membre
- Un(e) abonné(e)
- Un tableau de bord
- Une campagne
- Un tweet
- Tweeter

UNITÉ 5 — Action !

Compréhension de l'oral

1. Écoutez ces 4 descriptions de produits. Associez chaque produit à sa photo puis répondez.

1.   2.   3.   4.

2. Écoutez une seconde fois les descriptions et répondez.

Produit a :
a. Quel est le produit proposé ? ....
b. Cochez deux adjectifs entendus qui caractérisent ce produit :
☐ grande   ☐ économique   ☐ écologique   ☐ compétitive   ☐ nouvelle   ☐ électrique
c. Cochez les phrases correctes :
☐ ce produit est idéal pour les courtes et longues distances.
☐ ce produit a un prix compétitif.
☐ ce produit a une autonomie de 500 km.
☐ ce produit est grand et puissant.
☐ ce produit a une puissance maximale.

Produit b :
a. Quel est le produit proposé ? ....
b. Citez un adjectif pour décrire ce produit : ....
c. Que permet ce produit : ....
☐ de devenir un grand cuisinier.
☐ de cuisiner des petits plats très variés.
☐ de devenir un vrai chef.
☐ de cuisiner des plats élaborés.
d. Complétez la phrase : Réaliser des .... plats variés est un .... plaisir avec cet appareil .... à ....

Produit c :
a. De quel produit on parle ici ? ....
b. De quelle collection fait partie ce produit ? ....
c. Citez deux coloris disponibles pour ce produit ?
– ....
– ....
d. Quel style vous donne ce produit ? Cochez deux adjectifs entendus.
☐ décontracté   ☐ classique   ☐ formel
☐ habillé   ☐ élégant   ☐ original

Produit d :
a. Quel produit est proposé ici ? ....
b. Citez deux adjectifs entendus pour la description de ce produit :
– ....
– ....
c. Comment est la matière ? ....
d. Comment sont les coloris ? ....
e. Comment est le prix ? ....
f. Complétez la phrase : Son prix est .... si vous achetez les .... assortis.

Vocabulaire

3. Complétez pour trouver des couleurs.

a. B _ _ _   b. N _ _ _   c. R _ S _   d. _ R _ _ G E   e. _ O _ _ E   f. G _ _ _
g. _ _ _ T   h. V _ _ _ _ _   i. M _ _ _ _ _   j. _ _ _ _ C   k. J _ _ _ _

LEÇON 1

4. Retrouvez 14 adjectifs dans cette grille.

B	I	R	F	U	A	S	T	A	L	O	T	B	D	E
A	T	H	U	B	G	I	C	L	E	Y	T	I	O	F
L	R	T	I	M	R	T	O	E	B	J	I	C	A	A
L	U	N	E	R	E	L	E	G	A	N	T	I	L	P
E	F	F	I	C	A	C	E	E	I	M	C	S	A	I
P	U	V	A	O	B	L	F	R	A	G	N	I	B	O
A	V	R	I	P	L	O	U	A	M	O	A	F	O	U
G	I	M	P	R	E	S	S	I	O	N	N	A	N	T
C	O	M	P	A	C	T	I	L	D	A	N	V	O	I
N	P	A	I	T	A	B	L	A	E	V	I	D	A	P
B	E	A	F	I	N	O	H	A	R	I	O	L	P	E
N	I	U	A	Q	O	T	I	A	N	E	V	S	E	L
U	R	A	N	U	U	O	L	P	E	T	I	T	O	Y
I	R	A	N	E	V	A	S	T	E	T	A	L	O	N
T	A	S	S	I	E	H	C	L	A	O	N	E	B	E
E	T	E	I	L	A	U	O	I	T	N	N	I	R	L
I	E	S	S	L	U	M	I	N	E	U	X	O	E	L

Grammaire

5. Placez l'adjectif avant ou après le nom. Faites des modifications si besoin.

a. Une _____ tablette _____ (vieux)
b. Un _____ bureau _____ (petit)
c. Une _____ voiture _____ (rapide)
d. Une _____ robe _____ (joli)
e. Un _____ objet _____ (nouveau)
f. Une _____ imprimante _____ (léger)
g. Une _____ salle _____ (lumineux)
h. Une _____ distance _____ (court)

Compréhension de l'écrit

6. Lisez ces descriptions de produits et répondez.

a. Ce nouvel ordinateur est ultra performant. Vous gagnez du temps au bureau parce qu'il est efficace et rapide. Sa capacité de stockage permet de sauvegarder tous vos documents importants. Son prix ? Très compétitif.

b. Ce jus de fruits biologique est idéal pour vos petits-déjeuners. Vous aimez le jus d'orange ? Vous préférez l'ananas ou vous avez besoin de vitamines. Il existe en version multivitaminée pour faire le plein d'énergie pour vos longues journées.

c. Ce bureau est parfait pour un petit espace. Si vous travaillez chez vous ou dans un espace de coworking, il est idéal pour une chambre d'amis ou des petits locaux. Il est moderne et joli et vous pouvez mettre sur ce meuble votre ordinateur, votre imprimante, vos dossiers.

d. Cette jolie robe est la robe qu'il vous faut pour le printemps ou pour l'été. Elle existe en rouge, bleu, violet ou rose. Vous voulez adopter un style décontracté ? C'est le vêtement idéal pour vos soirées printanières. Pour un style plus classique et élégant, pour vos dîners d'affaires par exemple, nous vous proposons d'autres modèles sur notre site web.

a. Associez chaque phrase à un des 4 produits.
1. Ce produit est idéal pour gagner du temps au bureau. …
2. Pour vos soirées décontractées, ce produit est le produit qu'il vous faut. …
3. Vous avez besoin de vitamines ? Achetez ce produit. …
4. Vous travaillez dans un petit espace. Ce produit est le produit indispensable. …

b. Cochez vrai ou faux et justifiez si c'est faux.
1. Ce jus de fruits biologique existe seulement en version jus d'orange. ☐ Vrai ☐ Faux
2. La robe est une robe de la collection automne-hiver. ☐ Vrai ☐ Faux
3. Le bureau est le meuble idéal pour les grands espaces. ☐ Vrai ☐ Faux

c. Répondez aux questions.
1. Comment est l'ordinateur ? (Citez trois adjectifs) _____
2. Pourquoi ce jus de fruit est idéal pour vos longues journées de travail ? _____
3. Pour quels types de locaux ce bureau est idéal ? _____
4. Comment est le bureau ? (Citez deux adjectifs) _____
5. Pour quelles saisons cette robe est faite ? _____
6. Qu'est-ce que vous pouvez faire pour trouver d'autres modèles de robes ? _____

UNITÉ 5 — Action !

Compréhension de l'oral 🎧

1. Écoutez et répondez.

a. Qui sont les 2 personnes qui parlent ? ....
b. Quels fruits achète le client ?
☐ des pommes   ☐ des poires   ☐ des bananes
☐ des fraises   ☐ des citrons   ☐ des oranges   ☐ des cerises
c. Quel fruit est en promotion ? ....
d. Combien coûte un kilo de fraises ?   ☐ 2,99 euros   ☐ 2,89 euros   ☐ 2,79 euros
e. Quels légumes achète le client ?
☐ des tomates   ☐ des pommes de terre   ☐ des carottes
☐ des brocolis   ☐ des haricots verts   ☐ des concombres
f. Combien coûte le kilo de carottes ?   ☐ 3,99 euros   ☐ 3,89 euros   ☐ 3,79 euros
g. Combien de kilos de pommes de terre achète le client ? ....
h. Quel est le prix total payé ?   ☐ 98,91 euros   ☐ 99,91 euros   ☐ 89,91 euros

Vocabulaire

2. D'après les photos, trouvez les mots qui correspondent.

a. DES _ _ _ _ _ _ _
b. DES _ _ _ _ _ _ _ _
c. DU _ _ _ _ _ _ _ _ _
d. UNE _ _ _ _ _ _ _ _ _
e. DU _ _ _ _ _
f. UN _ _ _ _ _
g. UN _ _ _
h. UN _ _ _ _ _ _ _ _ _

3. Cochez le bon prix.

a. 8,99 euros :
  1. ☐ huit euros soixante-dix-neuf
  2. ☐ huit euros quarante-neuf
  3. ☐ huit euros quatre-vingt-dix-neuf

b. 40,71 euros :
  1. ☐ quarante euros soixante et onze
  2. ☐ quarante et un euros soixante-dix
  3. ☐ quarante euros soixante et un

c. 3687,91 euros :
  1. ☐ trois mille six cent quarante-sept euros quatre-vingt-onze
  2. ☐ trois mille six cent quatre-vingt-sept euros quatre-vingt-onze
  3. ☐ trois mille six cent quatre-vingt-sept euros quatre-vingt-un

d. 75 498 euros :
  1. ☐ soixante-quinze mille euros quatre cent quatre-vingt-dix-huit
  2. ☐ soixante-quinze mille euros quatre cent quatre-vingt-huit
  3. ☐ soixante-quinze mille euros quatre cent soixante-dix-huit

40 | quarante

LEÇON 2

Grammaire

4. Exprimez les prix ci-dessous en toutes lettres. Faites des phrases avec des constructions variées.

a. Prix : 901,87 euros   b. Total : 48,01 euros   c. Prix : 18 959 euros   d. 2,84 euros / le kilo

a. ....
b. ....
c. ....
d. ....

5. Complétez pour exprimer les quantités déterminées ou indéterminées.

a. J'achète .... fruits et .... légumes en gros pour mon restaurant.
b. Il n'y a pas .... de choix, c'est dommage.
c. Nous avons .... tomates et .... fraises en promotion aujourd'hui.
d. Mais pourquoi 10 kilos de citrons ? C'est ....
e. – Vous voulez .... farine ? – Oui mais un seul ....
f. Il reste très .... de sucre. Je dois acheter .... sucre aujourd'hui.

Compréhension de l'écrit

6. Lisez le document et répondez.

Votre envoi pour la France ou pour l'international n'est pas urgent mais très urgent. Nous avons la solution. Livraison Express +++ est un service de livraison urgent pour vos produits ou courriers.
Vous nous confiez votre produit ou courrier avant 11h, nous venons dans vos bureaux chercher les produits et la livraison est faite en moins de 24 heures partout en Europe. Tous nos produits ont un code barre qui permet de suivre les produits. Nous vous conseillons en matière de réglementation pour vos produits. Selon le pays de destination, le chocolat, les fruits et légumes exigent une réglementation particulière.

a. Qu'est-ce que le service Livraison Express +++ ? ....
b. Quelle est la particularité de Livraison Express +++ ? ....
c. En combien de temps est livré votre envoi en Europe ? ....
d. Avant quelle heure faut-il envoyer son produit ou courrier ? ....
e. Répondez par vrai ou faux et recopiez la phrase qui justifie votre réponse.
1. Vous pouvez suivre votre colis en temps réel. ☐ Vrai ☐ Faux
Justification : ....
2. Livraison Express +++ donne aussi des conseils sur les réglementations des livraisons à l'étranger. ☐ Vrai ☐ Faux
Justification : ....
3. Il n'y a pas de réglementation pour les livraisons de fruits et légumes à l'étranger. ☐ Vrai ☐ Faux
Justification : ....

quarante et un | 41

UNITÉ 5 — Action !

Compréhension de l'oral 🎧

1. Écoutez et répondez.

a. De quel produit on parle ici ? ....

b. Selon la publicité, à qui pouvez-vous offrir ce produit ?
☐ Votre femme ☐ Votre fille ☐ Votre collègue de travail

c. Si vous partez en week-end, combien de temps avant vous connaissez la destination ?
☐ 24 heures avant ☐ 48 heures avant ☐ 72 heures avant

d. Combien coûte un billet d'avion et une ou deux nuits d'hôtel ? ....

e. Dans quels endroits originaux pouvez-vous passer une nuit ?
☐ une cabane dans les arbres ☐ une yourte à la campagne
☐ une roulotte dans la forêt ☐ une caravane près de la mer

f. Combien coûte une nuit dans un endroit surprenant ? ....

g. Ce produit est la cadeau par excellence pour :
☐ les amoureux et la famille ☐ les amoureux et les amis ☐ la famille et les amis

h. Qu'est-ce que vous devez faire pour découvrir toutes les possibilités du produit proposé ?

Vocabulaire

2. Associez les mots à leur définition.

1. Un utilisateur • • a. Phrase qui exprime une opinion, réaction à un avis.
2. Un investissement • • b. Date précise marquée/fêtée chaque année.
3. Un anniversaire • • c. Grosse somme d'argent versée pour des achats.
4. Un devis • • d. État/estimation du prix de quelque chose.
5. Poster • • e. Action qui consiste à publier quelque chose sur un réseau social.
6. Un commentaire • • f. Personne qui utilise un réseau social par exemple.

3. Complétez la grille de mots croisés d'après les indications données dans les phrases ci-dessous.

Horizontalement :
1. Pour vendre un produit, une entreprise fait de la ....
2. Pour commander un produit, je peux acheter directement sur le .... internet de l'entreprise.
3. C'est un signe qui permet de distinguer, de représenter un produit.

Verticalement :
a. Action de publier, ... quelque chose sur Facebook pour permettre à mes amis de voir cette publication.
b. Une personne qui me suit sur un réseau social comme Twitter est un ....
c. L'influence que peut avoir la publicité sur les personnes.
d. Facebook est un .... social très important.
e. Un commentaire, une publication qu'on fait sur le réseau social Twitter.

42 | quarante-deux

LEÇON 3

Grammaire

4. Associez les débuts et fins de questions.

1. Quel est
2. Quels sont
3. Quelle est
4. Quelles sont

a. la marque préférée des jeunes ?
b. les campagnes publicitaires que vous préférez ?
c. le réseau social numéro 1 mondial ?
d. l'impact de la publicité sur un réseau social ?
e. les produits le plus présents sur Youtube ?
f. les réseaux sociaux que vous utilisez ?

5. Posez une question avec *quel*, *quelle*, *quels* ou *quelles*.

a. .... ? C'est Facebook le réseau social par excellence.
b. .... ? Ce bouquet coûte 22,99 euros.
c. .... ? Les jeunes utilisent beaucoup Instagram et Twitter.
d. .... ? Aquarelle livre des bouquets pour toutes les occasions (mariage, anniversaire, naissance…).

Compréhension de l'écrit

6. Lisez la publicité et répondez.

LIVRAISON ET MESSAGERIE EXPRESS

Votre entreprise recherche un service de transport ou de messagerie express. Nous avons la solution. Chez Transporeco, nous avons une équipe réactive et efficace, du personnel rigoureux, disponible et de confiance. Nos coursiers assurent sur toute la région la livraison de plus de 500 courriers ou colis par mois. Livraison à vélo, en moto, en voiture ou en camion dans le respect des délais annoncés, et ceci à un prix très attractif. Découvrez nos offres sur notre site internet et demandez un devis.

a. Comment est le personnel de l'entreprise Transporeco ?

b. Combien de courriers ou colis sont livrés par mois ?

c. Quels moyens de transport sont utilisés pour les livraisons ?

d. Comment sont les prix chez Transporeco ?

e. Qu'est-ce que vous pouvez faire sur le site internet de l'entreprise ? (2 réponses attendues)

Production écrite

7. Vous vous occupez de la communication de votre entreprise sur les réseaux sociaux. Vous expliquez ce que vous faites, quels réseaux vous utilisez, quel est l'intérêt de faire de la publicité sur Internet. 60 mots minimum

Phonétique

8. Soulignez les consonnes finales qui se prononcent et barrez les consonnes finales muettes des chiffres ou nombres.

a. Cette entreprise fait un investissement de plus de **dix** mille euros pour lancer sa marque.
b. Ils sont plus de **huit** millions d'abonnés à son compte Twitter.
c. Nous lançons notre campagne publicitaire le **cinq** avril.
d. Il travaille avec **six** collaborateurs.
e. Le kilo de cerises est à **huit** euros.
f. – Combien de kilos d'oranges ? – **Six**, c'est parfait.

UNITÉ 5 Test

1. Choisissez l'adjectif qui convient selon sa place. ..../3
a. Ce _____ ordinateur est efficace. ☐ nouvel ☐ performant
b. La _____ voiture électrique n'est pas chère. ☐ puissante ☐ petite
c. Ce _____ costume existe en différents coloris. ☐ beau ☐ original
d. La tablette _____ est très jolie. ☐ grande ☐ blanche
e. Le jus de fruits _____ est cher. ☐ multivitaminé ☐ bon
f. La _____ robe de la nouvelle collection. ☐ noire ☐ petite

2. Écrivez le nombre manquant en toutes lettres. ..../2
a. 43 + 22 = _____
b. 79 – _____ = 59
c. 98 x 2 = _____
d. 203 – _____ = 153

3. Cochez le bon mot. ..../4
a. J'achète un _____ de farine pour le restaurant. ☐ peu ☐ beaucoup ☐ trop
b. Il y a _____ de sucre. ☐ du ☐ de la ☐ beaucoup
c. Achète _____ fruits pour le déjeuner. ☐ du ☐ des ☐ peu
d. Bois _____ eau ! ☐ beaucoup ☐ peu ☐ de l'

4. Complétez les phrases suivantes par un mot. ..../6
Pour tous vos courriers ou _____ à l'international ou en France, utilisez la messagerie Chronoenvoi. C'est un service de _____ rapides et économiques. Pour suivre vos envois, c'est très simple. Vous avez un _____ avec votre numéro de commande et il vous permet de suivre votre envoi en _____ réel. Pour suivre votre envoi, ne téléphonez pas, allez directement sur le _____ internet de Chronoenvoi. Pour tout devis, rendez-vous également sur notre site, les prix sont différents selon les pays des _____.

5. Choisissez le bon mot. ..../5
Aujourd'hui, faire de la ...(a).... sur les réseaux sociaux est très important. Les entreprises font des ...(b)..... à travers le net pour faire la promotion de leurs nouveaux produits ou de leur marque. Pourquoi la communication passe par les réseaux sociaux ? Parce que par exemple Facebook à lui seul a plus de 2 millions de ...(c)... . Les publications de vidéos, de commentaires ont un ...(d)... sur les ...(e).... des réseaux sociaux.

a. ☐ marketing ☐ communication ☐ publicité
b. ☐ campagnes ☐ publications ☐ promotions
c. ☐ abonnés ☐ utilisateurs ☐ membres
d. ☐ impact ☐ intérêt ☐ résultat
e. ☐ utilisateurs ☐ internautes ☐ campagnes

44 | quarante-quatre

UNITÉ 6

En route !

LEÇON 1

- Avoir une réservation
- Une chambre simple, double
- Le petit-déjeuner
- Inclus(e)
- L'ascenseur
- Une connexion wifi
- Gratuit(e)
- Payant(e)
- Payer
- Régler
- Une facture
- Un chèque
- Des espèces
- Un reçu
- Un moyen de paiement
- Une carte de paiement

LEÇON 2

- Une rue
- Une avenue (av)
- Un boulevard (bd)
- Une place
- Un rond-point
- Une station
- Une ligne
- Une direction
- Un encombrement
- Un changement
- Continuer
- Tourner
- Prendre
- Avancer
- Un moyen de transport
- À pied
- En voiture
- En taxi
- En métro
- En bus
- À vélo
- À moto
- En train
- En avion
- En bateau

LEÇON 3

- Un cocktail
- Une occasion
- La fidélité
- Le dévouement
- La présence
- La banlieue
- Les transports en commun (*masculin*)
- Fêter
- Remercier
- Organiser
- Confirmer
- Être ravi(e) de...
- Être en relation...
- Faire connaissance

UNITÉ 6 — En route

Compréhension de l'oral

1. Écoutez les dialogues et répondez.

	Dialogue 1	Dialogue 2
Qui est / sont le(s) client(s) ?		
Nombre de nuits		
Nombre de chambres		
Type de réservation (nuit seulement, avec petit-déjeuner et / ou repas de midi / du soir)		
Numéro(s) de chambre(s) et étage		
Demandes particulières	(1)	(2)

Vocabulaire

2. Associez le lexique.

a. une chambre	1. payant
b. une pièce	2. du soir
c. un petit	3. double
d. une taxe	4. d'identité
e. une connexion	5. simple
f. un repas	6. wifi
g. un lit	7. déjeuner
h. un service	8. de séjour

3. Choisissez le terme qui convient.

a. Vous êtes satisfait ? La chambre est *confortable/payante* ?
b. Notre *chambre/ascenseur* est très spacieuse.
c. Avez-vous une *connexion/réservation* ? – Oui, au nom de madame Mars.
d. Le petit-déjeuner est *ouvert/inclus* ? – Oui, et le repas du soir aussi.
e. Nous pouvons *choisir/payer* notre chambre ? – Non, je suis désolée ; c'est la dernière chambre libre.

4. Rayez l'intrus de la liste.

a. payer | choisir | régler | acheter
b. une connexion | des espèces | une carte de crédit | un chèque
c. une chambre | un balcon | un lit double | un étage
d. un moyen de paiement | une réservation | des espèces | une carte de paiement

Grammaire

5. Demandez poliment avec les verbes *vouloir* et *aimer*.

a. régler par carte. → Nous _____ .
b. une chambre avec un balcon. → Je _____ .
c. le code wifi. → Nous _____ .
d. un reçu. → Je _____ .

6. Mettez le verbe entre parenthèses à la forme correcte.

a. Nous _____ (choisir) une chambre au troisième étage.
b. Vous _____ (finir) votre repas.
c. Tu _____ (réagir) à ses commentaires.
d. Elles _____ (réfléchir) à une solution.
e. Je _____ (choisir) un hôtel au centre ville.

LEÇON 1

7. Complétez avec l'adjectif possessif qui convient.

a. .... séjour s'est bien passé ?
b. Je suis content de .... chambre : elle est très confortable.
c. Avez-vous réservé .... chambres dans le même hôtel ?
d. Il y a une erreur sur .... facture ; nous allons réclamer.
e. Tu es satisfait de .... hôtel ? .... repas sont bons ?

Compréhension de l'écrit

8. Regardez le document et répondez aux questions.

Destinataire :
Occupant de la chambre 208
N° de téléphone: 06 63 56 55 00

Message :

Réf. client : SIMON
Nous vous confirmons votre réservation n° 15874
au nom de Monsieur SIMON Christophe
Détails de votre séjour :
Date d'arrivée : 15 septembre 2017
Date de départ : 18 septembre 2017
Soit 3 nuits
Nombre de chambres : 1
Nombre de personnes : 2
Type de réservation : petit-déjeuner (6) et dîner inclus (6)
Pour tout renseignement complémentaire : www.hotelduparc.be

Envoyer   Annuler

a. Il s'agit d'un message envoyé par
....
b. C'est une *demande / confirmation* de réservation.
c. Qui est le client ? ....
d. Quelle est la durée de son séjour ?
....
e. Qu'est-ce qu'il a réservé ?
....
f. Où se trouve l'hôtel ?
....

Production écrite

9. Vous travaillez à l'hôtel du Parc. Vous envoyez un mail de confirmation de réservation à un client avec les renseignements suivants : *2 nuits – 1 chambre – 1 personne – petit-déjeuner inclus – prix total : 138,00 €*

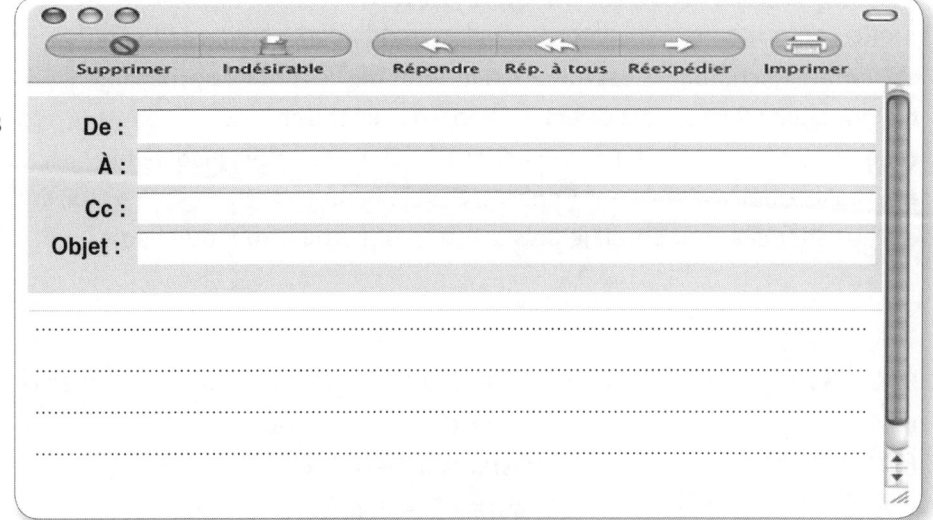

De :
À :
Cc :
Objet :

quarante-sept | 47

UNITÉ 6 — En route

Compréhension de l'oral

1. Écoutez et répondez.

a. Pour aller à pied, dites si :
1. le Parc des Expositions est   ☐ loin   ☐ près
2. la place Denfert-Rochereau est   ☐ loin   ☐ près
3. la Chambre de Commerce est   ☐ loin   ☐ près

b. Pour aller au Parc des Expositions, on met :   ☐ 10 minutes à pied   ☐ 20 minutes à pied

c. C'est compliqué d'aller à la place Denfert-Rochereau ? ....

d. Quels sont les moyens de transport possibles pour aller à la Chambre de Commerce ?
....

Vocabulaire

2. Complétez la grille de mots-croisés.

	A	B	C	D	E	F
1						
2						
3						
4						
5						
6						
7						
8						

Horizontal :
2A : C'est au .... de la rue.
6A : .... la première rue à gauche.

Vertical :
B1 : L'hôtel se trouve au .... de la rue de la Paix et de la rue Albert Camus.
B6 : Savez-vous où se trouve la .... Victor-Hugo ?
D2 : Pour aller à la gare, vous continuez tout droit puis vous .... à gauche.

3. Mettez les moyens de transport dans les catégories correspondantes.

2 🛞🛞	4 🛞🛞🛞🛞 ou plus	🛞

a. en voiture   b. en bateau   c. à pied
d. en taxi   d. en train   e. en métro
f. en bus   g. à vélo   h. en avion

4. Complétez avec le terme qui convient.
droite – correspondance – place – prendre – rond-point – boulevard – station – continuer – direction

a. Denfert-Rochereau, c'est loin ? – Non, vous descendez à la prochaine ....
b. Pour aller à Passy, c'est direct ? – Non, vous avez une ....
c. Le .... Voltaire, c'est par ici ? – Oui, vous allez jusqu'à la .... et vous tournez à ....
d. Excusez-moi, le Palais des Congrès, c'est la bonne .... ? – Oui, au .... vous prenez la première sortie.
e. Pour aller à la Tour Eiffel, je dois .... tout droit, ou je dois .... à gauche ?

Grammaire

5. Conjuguez le verbe *aller*, et mettez les prépositions et les articles qui conviennent.

a. Vous .... piscine ? – Non, nous .... cinéma.
b. Tu .... restaurant ? – Oui, je .... pizzeria.
c. Ils .... bureau ? – Non, ils .... entrepôts.
d. Nous .... sports d'hiver ? – Non, nous .... plage.

LEÇON 2

Compréhension de l'écrit

6. Lisez ce document et répondez aux questions.

Le Vélib' et l'Autolib'

Très pratique et vraiment bon marché, ce système de location de vélo en libre accès remporte un grand succès. Mais bien sûr, il faut être très prudent parce que les voitures ne font pas toujours attention aux cyclistes. Dernière innovation parisienne, ce sont des voitures électriques qu'on peut louer en libre service pour quelques minutes ou quelques heures.

a. De quels moyens de transport parle le document ? ....

b. Quelles sont les caractéristiques de ces moyens de transport ? ....

c. Dans quelle ville peut-on trouver ces moyens de transport ? ....

d. Pour combien de temps on peut louer ces véhicules ? ....

e. Ce sont des moyens de transport :
- chers ?   ☐ Oui   ☐ Non
- pratiques ?   ☐ Oui   ☐ Non
- populaires ?   ☐ Oui   ☐ Non
- sûrs ?   ☐ Oui   ☐ Non

7. Regardez ce document et répondez aux questions.

AIR FRONTIÈRES
PERPIGNAN › PARIS-ORLY
PROMO DU 08/02 AU 12/02/17
À PARTIR DE 40€ ALLER SIMPLE LE BILLET PAR PERSONNE
POUR LA SAINT-VALENTIN, PARTEZ À DEUX POUR TROIS FOIS RIEN.

a. Il s'agit d'une publicité pour voyager :
☐ en train   ☐ en avion   ☐ en bus

b. C'est une publicité pour quelle compagnie ? ....

c. Quelle est la destination de la promotion ? ....

d. Quelle est la période de validité de la promotion ? ....

e. Combien coûte un aller-retour pour deux personnes, avec cette promotion ? ....

f. À quelle occasion la compagnie propose-t-elle cette offre ? ....

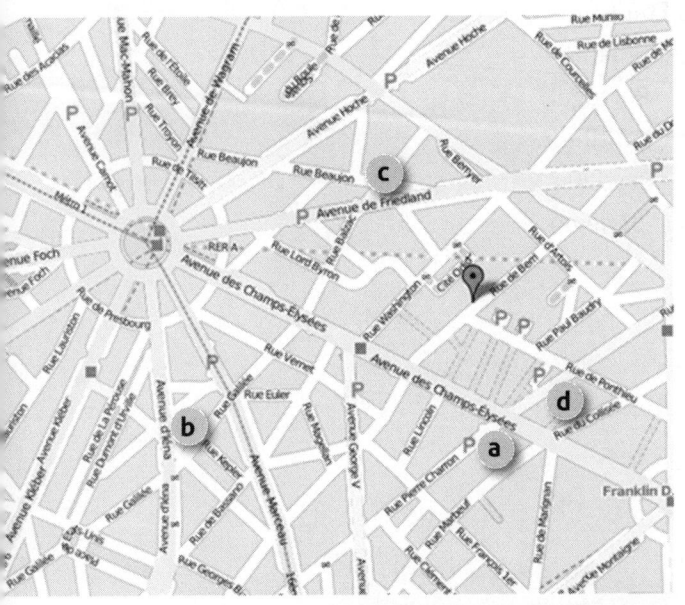

Production écrite

8. Vous écrivez à un ami étranger les indications, d'après le plan.

a. Pour aller à la rue Pierre Charron, tu ....

b. La rue Galilée, c'est simple : tu ....

c. La rue Beaujon ? Tu ....

d. Tu dois aller à la rue du Colisée : tu ....

quarante-neuf | 49

UNITÉ 6 — En route

Compréhension de l'oral

1. Écoutez et répondez.

a. Qui doit écrire le courrier électronique ? ....
b. Qui sont les destinataires de l'e-mail ? ....
c. Quels sont les évènements communiqués ? ....
d. Qui est monsieur Vicard ? ....
e. Quelle est la date mentionnée dans l'e-mail ? ....
f. Où a lieu l'évènement ? ....
g. Sur quel point on demande d'insister ? ....

Vocabulaire

2. Associez les mots des deux colonnes.

a. une occasion	1. connaissance
b. présence	2. un cocktail
c. confirmer	3. le personnel
d. organiser	4. un anniversaire
e. être ravi	5. souhaitée
f. remercier	6. sa présence
g. faire	7. spéciale
h. fêter	8. d'assister

3. Complétez le carton d'invitation.

Le .... novembre, nous .... les 50 ans de notre société !
C'est une .... unique pour nous réunir autour d'un ...., et pour partager un moment ensemble. La société souhaite .... tout son personnel pour son travail et sa ....
Merci de bien vouloir confirmer votre .... avant le 15 novembre .... de Stéphanie Santos (ssantos@societeFloart.fr).

Grammaire

4. Conjuguez le verbe *venir* et complétez avec la préposition qui convient.

a. Elle .... États-Unis.
b. Vous .... Roumanie ?
c. Elles .... Portugal.
d. Tu .... Argentine ?
e. Je .... Pays-Bas.
f. Nous .... Sénégal.

5. Complétez librement avec un nom de pays.

a. Elles arrivent du ....
b. Nos collègues viennent d' ....
c. Vous êtes Français ? – Non, je viens des ....
d. Ils ne parlent pas français, ils viennent de ....

50 | cinquante

LEÇON 3

Compréhension de l'écrit

6. Observez l'emploi du temps de Sébastien et répondez aux questions.

	Mercredi	Jeudi	Vendredi
8		8h30 : Réunion Compta	8h00 : Réunion à l'école de Lucas
9	9h15 : Aller à l'aéroport chercher collègue de Rome	9h45 : Visite de l'usine + Catherine + Olivier	9h00 : démarches administratives
10			
11	11h00 : Réunion Dpt Marketing	11h45 : Envoyer bilan trimestriel	
12	12h15 : Déjeuner + Sylvie		12h00 : Appeler agence transport international
13		13h : Déjeuner au Flore (+ Sabine)	
14	14h00 : Visioconférence (entreprise Soréva – Autriche)	14h15 : Arrivée nouvelle stagiaire (Lucie Bargain)	
15			15h15 : Envoi des dossiers projet Canada
16	16h30 : RDV Michel (webmaster)	16h00 : Clôture exercice comptable	
17			17h00 : Anniversaire Emilie MacDo
18	18h : Faire des courses		
19		19h00 : Piscine	
20	20h30 : Dîner Albin et Romane (à la maison)		

a. Que se passe-t-il jeudi à quatre heures ?

d. Qui arrive mercredi à neuf heures et quart ?

b. Entourez les évènements non professionnels.

e. Que doit faire Sébastien jeudi à midi moins le quart ?

c. Quand a lieu la réunion avec la comptabilité ?

Production écrite

7. Vous laissez un post-it sur le bureau de votre collègue pour lui rappeler :
– un rendez-vous à deux heures et demie ;
– qu'il doit téléphoner à un fournisseur ;
– qu'il y a une réunion à quatre heures et quart avec le département commercial.

Phonétique

8. Lisez ces phrases à haute voix et notez les liaisons ‿.
a. Vous êtes les amis de Sandra ?
b. Vous avez des objectifs pour les années à venir.
c. Elle vient en Italie avec un ami.
d. – Quand elle arrive ? – Dans une heure.
e. C'est un hôtel très agréable et original.

UNITÉ 6 Test

1 Complétez avec un terme qui convient. /3

a. Bonsoir, nous avons une .... au nom de monsieur et madame Weiss.
b. Avez-vous une .... ? – Oui, voici mon passeport.
c. Nous avons une chambre ...., pas une chambre simple.
d. Vous avez une .... dans cet hôtel ? – Oui, le code est hotelWBG52.
e. Le repas du soir est .... ? – Non, je suis désolé. C'est un service ....
f. Je ne comprends pas ces 3 euros sur la facture. – C'est la taxe ...., madame.

2 Complétez les phrase avec les verbes *choisir*, *finir* ou *réfléchir* à la forme correcte. /5

a. Quel hôtel vous .... ? L'hôtel de la gare ou l'hôtel du parc ?
b. Je .... ce travail et vais déjeuner.
c. Vous .... à ces commentaires sur le blog ?
d. Vous .... à quelle heure ?
e. Nous .... à une solution pour ce problème.

3 Complétez cet e-mail de confirmation avec des termes qui conviennent. /4

Madame,
Je vous confirme la .... d'une double pour deux personnes, pour la période du 12 au 14 juin, soit deux ....
Le .... est inclus, et il est servi entre 7h00 et 9h00.
Vous avez la chambre 521, située au 5ème .... mais ne vous inquiétez pas, l'hôtel a un ....
Le .... total est de 178,00 euros. Vous pouvez .... par carte ou en espèces, à votre arrivée.
Toute l'équipe de l'hôtel Sirana vous souhaite un excellent .... chez nous.

4 Classez ces moyens de transport du moins rapide (-) au plus rapide (+). /2

a. à vélo   b. en bateau   c. en avion
d. en moto   e. à pied   f. en métro

5 Complétez avec un adjectif possessif. /5

a. .... assistant ne travaille pas aujourd'hui ?
b. Je ne trouve pas .... téléphone portable. Je pense qu'il est dans .... voiture.
c. Quel est le numéro de .... chambre ? – C'est la 321, voilà .... clé.
d. C'est .... nouvel ordinateur ? – Non, c'est l'ordinateur de Robin. .... ordinateur est en réparation.
e. Nous avons .... avion à 12h15. .... valises sont petites, elles vont en cabine.

6 Complétez avec un terme qui convient. /3

a. Pour aller à la place de la République, je prends .... ou à gauche ?
b. La pharmacie ? C'est facile, vous .... la première rue à gauche.
c. Je dois .... à droite ? – Non, vous continuez tout droit.
d. Le Palais des Congrès, c'est très .... ? – Non, c'est à cinq minutes.
e. Pour aller à la station Passy, tu vas jusqu'au .... de la rue, puis tu .... la deuxième rue à droite.
f. La station Levallois, c'est direct ? – Non, vous avez une ....

7 Complétez avec la préposition et l'article qui conviennent. /3

a. Vous préférez aller .... théâtre ou .... fête d'inauguration ?
b. Tu viens .... Angleterre ou .... États-Unis ?
c. Ils vont en vacances .... Portugal ou .... Espagne ?
d. Nous travaillons .... bureau et .... maison.
e. Je vais vendre mes produits .... Argentine, ... Chili, ... Équateur et .... Brésil.
f. Elles viennent .... îles Canaries, et partent demain .... îles Baléares.

52 | cinquante-deux

UNITÉ 7

Mon travail jour après jour

LEÇON 1

- Une photocopie
- Un exemplaire
- Une face
- Recto-verso
- En noir et blanc
- En couleur
- Récapituler
- Un compte-rendu
- Un conseil d'administration
- Un dossier
- Un chiffre d'affaires
- Une donnée
- Une vente
- Un bénéfice
- Imprimer
- Un site internet
- L'ergonomie
- Une page d'accueil
- Un internaute
- Une vitrine
- Une rubrique
- La clarté
- Correspondre à

Comprendre et se faire comprendre
- Je ne comprends pas.
- Vous pouvez répéter, s'il vous plaît ?
- Vous parlez vite.
- Vous pouvez parler lentement ?

LEÇON 2

- Une note de service
- Un expéditeur / une expéditrice
- Un objet
- Un restaurant inter-entreprise (RIE)
- La compréhension
- Un ordre du jour
- Un résultat
- La présence
- Un tableau d'affichage
- Un accusé de réception
- Exceptionnel(le)
- Obligatoire

LEÇON 3

- Une société
- Un chiffre d'affaires (CA)
- Un budget
- Un effectif
- Une construction
- Une réhabilitation
- Annuel(le)
- Estimé(e) à
- Être présent
- Prévoir
- Une annonce
- Une référence
- Un bien
- Un local
- Le périphérique
- Un calcul
- Un banquier
- Un crédit
- Un montant
- Parfait(e)
- Suffisant(e)
- Rénover
- Emprunter
- Dépendre
- L'e-commerce (*masculin*)
- La vente en ligne
- Un secteur
- Le trafic
- Un visiteur / une visiteuse
- Un vendeur / une vendeuse
- En baisse
- En hausse
- En tête
- Augmenter
- Baisser
- Vendre

UNITÉ 7 — Mon travail jour après jour

Compréhension de l'oral

1. Écoutez et répondez.

a. Pourquoi Olivier doit-il rendre service à son collègue ?
....

b. Que doit imprimer Olivier ? En combien d'exemplaires ?
....

c. Combien de photocopies doit-il faire ? De quelles caractéristiques ?
....

d. Que va faire Olivier avec tous ces documents ?
....

2. Vous êtes Olivier. Reprenez les indications du dialogue et écrivez-les sur une note.

✓ ....
✓ ....
✓ ....

Vocabulaire

3. Associez les mots des deux colonnes.

a. un chiffre	1. rendu
b. un conseil	2. verso
c. un compte-	3. d'affaires
d. les ventes	4. réalisées
e. recto-	5. blanc
f. en noir et	6. d'administration

4. Complétez les phrases avec les termes qui conviennent.

clarté – page – internaute – ergonomie – vitrine – site

a. Pour créer un bon .... web, il faut insister sur la .... : il est important de bien voir les informations.

b. Un .... est une personne qui utilise internet.

c. La .... d'accueil est la .... de votre site : elle invite les visiteurs à naviguer sur le site.

d. L'..................... d'un site web se définit par son utilité, sa facilité d'utilisation, et son design.

5. Vous ne comprenez pas bien. Répondez à ces phrases.

a. Faites six photocopies recto-verso en noir et blanc.
— Excusez-moi, je ....

b. Montez au premier étage et remettez ces documents.
— Vous pouvez .... ?

c. Prenez trois enveloppes, dix feuilles blanches, trois cartons et deux dossiers.
— Vous pouvez .... ?

d. Allumez l'ordinateur, mettez le mot de passe, appuyez sur la touche entrée, introduisez le code d'accès.
— Je ne ....

LEÇON 1

Grammaire

6. Complétez avec les verbes *faire* ou *prendre* à la forme correcte.

a. Je .... du café. Vous .... une tasse ?
b. – Qu'est-ce que vous .... ? – Je finis ce travail.
c. Elles .... le métro tous les jours pour venir au bureau.
d. Nous .... une réunion pour préparer ce projet.
e. – Tu .... une pause pour le déjeuner ? – Oui, je .... une heure.

7. Reliez les phrases avec les verbes qui conviennent.

a. Je ne .... pas l'allemand.   • • 1. comprenez
b. Elles .... le chinois.   • • 2. apprennent
c. Tu .... à conduire cette moto.   • • 3. apprend
d. Vous ne .... pas ce problème.   • • 4. comprends
e. Il étudie à Rome et .... l'italien. • • 5. apprends

Compréhension de l'écrit

8. Lisez cet e-mail et répondez aux questions.

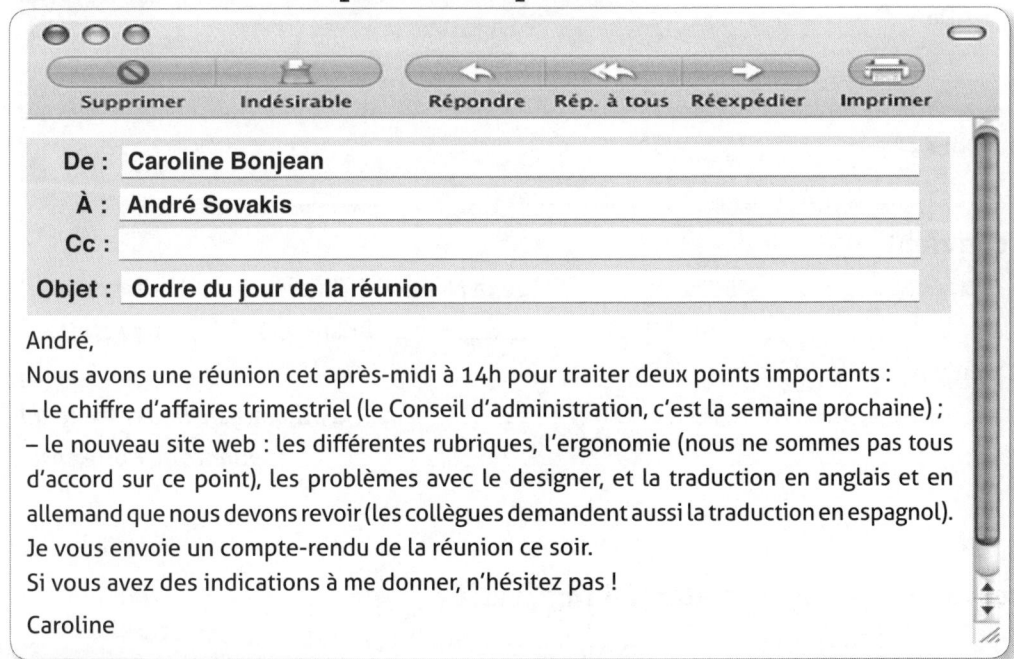

De : Caroline Bonjean
À : André Sovakis
Cc :
Objet : Ordre du jour de la réunion

André,
Nous avons une réunion cet après-midi à 14h pour traiter deux points importants :
– le chiffre d'affaires trimestriel (le Conseil d'administration, c'est la semaine prochaine) ;
– le nouveau site web : les différentes rubriques, l'ergonomie (nous ne sommes pas tous d'accord sur ce point), les problèmes avec le designer, et la traduction en anglais et en allemand que nous devons revoir (les collègues demandent aussi la traduction en espagnol).
Je vous envoie un compte-rendu de la réunion ce soir.
Si vous avez des indications à me donner, n'hésitez pas !
Caroline

a. Quand a lieu la réunion ? ....
b. Quel est l'ordre du jour ? ....
c. Pour le site web, quels sont les trois points à voir ? ....
d. Sur le site web, sur quel point tout le monde n'est pas d'accord ? ....
e. Que va faire Caroline après la réunion ? ....
f. Quand a lieu le prochain Conseil d'administration ? ....
g. En quelles langues est traduit le site web ? ....

cinquante-cinq | 55

UNITÉ 7 — Mon travail jour après jour

Compréhension de l'oral

1. Écoutez et répondez.

a. De quel document parle-t-on ? Où se trouve-t-il ?

b. Que dit ce document ? Que se passe-t-il ?

c. Pourquoi elle doit annuler la visioconférence ?

d. Que doit faire tout le personnel ?

Vocabulaire

2. Complétez avec les mots proposés.
l'expéditeur – le destinataire – l'objet

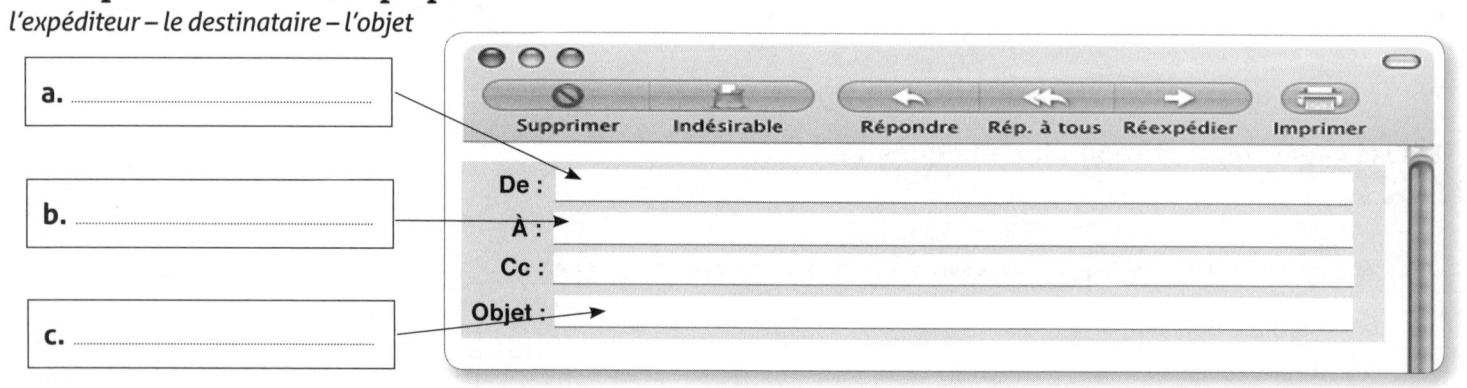

a. ....
b. ....
c. ....

3. Complétez avec le terme qui convient.

a. Pouvez-vous m'envoyer .... de la réunion ? *(la présence / l'ordre du jour)*
b. Dans la réunion, nous parlons des .... financiers. *(résultats / chiffres)*
c. Je ne sais pas de quoi parle ce mail ; il n'y a pas d' .... *(expéditeur / objet)*
d. Tu as vu la note de service sur le .... d'affichage ? *(mur / tableau)*
e. La note dit que l'assistance est .... *(obligatoire / présence)*

Grammaire

4. Donnez des conseils et utilisez les verbes *faire* et *aller* à l'impératif.

a. Tu n'es pas très en forme. .... du sport !
b. Vous n'êtes pas satisfaits ? .... une réclamation !
c. Vous voulez connaître les résultats financiers ? .... à la réunion générale !
d. Nous voulons dénoncer ce problème ? .... une lettre au directeur !
e. Le restaurant d'entreprise est fermé ? .... au café du coin !

5. Complétez avec les connecteurs *et, ou, alors*.

a. L'assistance est obligatoire, ... tu vas à la réunion.
b. Tout le personnel doit être au courant, ... tu demandes une confirmation de lecture.
c. Il a habité en Italie et en Espagne : il parle italien .... espagnol.
d. Il comprend un peu le français : vous pouvez parler en anglais .... en français.

LEÇON 2

Compréhension de l'écrit

6. Lisez cette note et répondez aux questions.

> **À tout le personnel,**
>
> Le comité d'entreprise propose une soirée théâtre à un prix réduit. Nous avons 50 entrées pour voir la comédie musicale « Chantons sous la pluie » au théâtre Le Palace avec une réduction de 50 %, le samedi 29 avril.
> Les personnes intéressées sont priées de s'adresser par mail à beatrice-duroc@smv.fr. Merci de mentionner combien d'entrées vous voulez.
> B. Duroc

a. Où peut-on trouver cette note ? ....
b. À qui s'adresse cette note ? ....
c. Qui est Béatrice Duroc ? ....
d. Qu'est-ce qui est proposé ? ....
e. En quoi c'est intéressant ? ....
f. Que doivent faire les personnes intéressées ? ....

Production écrite

7. Vous devez partir d'urgence à un rendez-vous externe. Vous laissez des instructions à votre assistant sur une note sur son bureau. Vous demandez les actions suivantes : *lire vos e-mails – classer les dossiers d'hier – faire un inventaire du matériel – proposer un rendez-vous à Philippe – chercher l'adresse d'un client*

Phonétique

8. Lisez les mots à haute voix, et dites si les consonnes soulignées se prononcent /s/, /z/, /g/, /ʒ/, /k/, /ʃ/.

a. une vi<u>s</u>ite
b. un a<u>ss</u>istant
c. une se<u>c</u>onde
d. une ré<u>s</u>ervation
e. obli<u>g</u>er
f. <u>ch</u>aleureux
g. un <u>c</u>ontrat

UNITÉ 7 — Mon travail jour après jour

Compréhension de l'oral

1. Écoutez et répondez.

a. Les chiffres, en général, sont : ☐ bons   ☐ mauvais
b. Quel est le chiffre d'affaires des ventes en ligne ? ....
c. Cela représente quel pourcentage ? ....
d. Les visiteurs du site web : ☐ augmentent   ☐ diminuent
e. Quels sont les résultats pour la vente directe ? ....
f. Quel est le produit le plus vendu ce mois-ci ? ....

Vocabulaire

2. Complétez les phrases avec les termes qui conviennent.
annuelles – présente – chiffre – prévoir – effectif

a. Dans notre société, nous avons un .... de 60 personnes.
b. Les ventes ont diminué ce mois-ci, mais en général, les ventes .... augmentent.
c. Le .... d'affaires de notre entreprise est de 325 000 euros.
d. Pour augmenter les ventes, nous devons .... un gros investissement en communication.
e. Notre enseigne est .... sur les cinq continents.

3. Associez les termes des deux colonnes.

a. emprunter	1. immobilier
b. une annonce	2. rénové
c. un local	3. immobilière
d. un bien	4. de l'argent
e. un bureau	5. commercial

4. Associez les termes et les définitions.

a. le e-commerce	1. personne chargée de la vente dans un magasin
b. le trafic	2. personne qui consulte un site web
c. un visiteur	3. ensemble des opérations, sur une période définie, sur une voie de communication
d. un vendeur	4. la vente électronique, en particulier par Internet

5. Terminez les phrases et utilisez les expressions *en hausse*, *en baisse*, ou les verbes *augmenter* ou *baisser* conjugués.

a. Le résultat des ventes d'automobiles en février est de + 12 %. → Les ventes sont ....
b. Nous vendons cette année 2300 unités ; l'année dernière, 2500 unités. → Les ventes ....
c. Les achats en magasin baissent, mais les achats en ligne ....
d. Notre chiffre d'affaires est .... : + 3 %.

LEÇON 3

Grammaire

6. Répondez et utilisez le passé récent avec *venir de*.

a. Tu termines le compte-rendu de la réunion ? → Je _____ .

b. Vous achetez ce bureau ? → Nous _____ .

c. Pierre et Guillaume sont ici, ou ils sont partis ? → _____ .

d. Elle doit visiter cette maison, elle est magnifique. → Elle _____ .

e. Vous avez visité notre site web ? → Je _____ .

7. Répondez à ces instructions avec le passé récent.

a. Allumez l'ordinateur ! → _____

b. Répondez à vos e-mails ! → _____

c. Regardez l'heure de réservation ! → _____

d. Proposez un rendez-vous pour une visite ! → _____

e. Faites une offre à l'agence immobilière ! → _____

Compréhension de l'écrit

8. Regardez l'annonce et répondez aux questions.

À VENDRE
Bureau 150 m², Strasbourg (banlieue)
5 pièces + WC + espace de vie
État : à rénover
Parking : oui
Accès direct de l'autoroute
Zone commerciale
Contacter l'agence (Réf. : 020258)

235 000 €

a. Quel est le bien annoncé ? _____

b. Il s'agit ☐ d'une vente ☐ d'une location

c. Où se trouve-t-il exactement ? _____

d. C'est un open-space ? ☐ oui ☐ non
Justifiez la réponse : _____

e. Il est facile d'accès ? ☐ oui ☐ non

f. Quel est le prix de vente ? _____

g. Dans quel état est-il ? _____

Production écrite

9. À partir du document, posez des questions, comme dans l'exemple. Puis répondez.

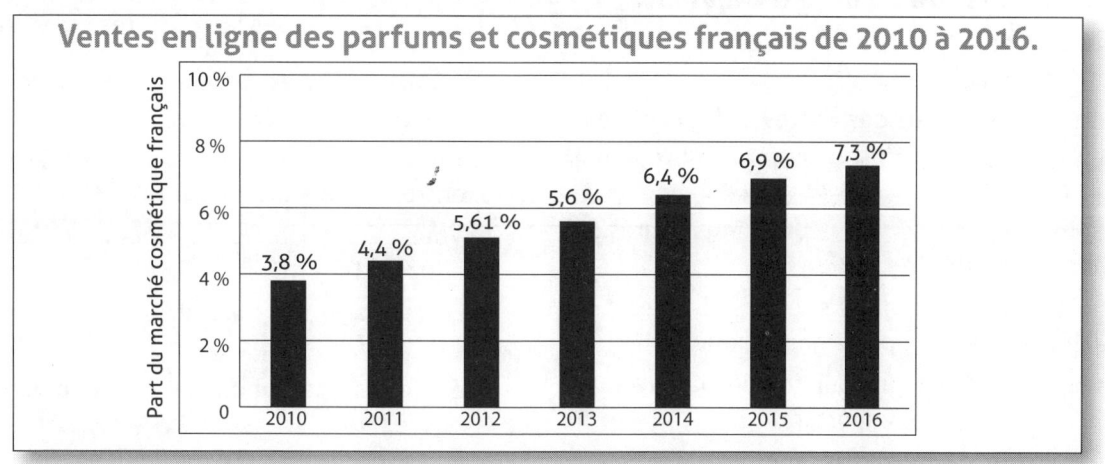

Ventes en ligne des parfums et cosmétiques français de 2010 à 2016.

Année	Part du marché cosmétique français
2010	3,8 %
2011	4,4 %
2012	5,61 %
2013	5,6 %
2014	6,4 %
2015	6,9 %
2016	7,3 %

Exemple : Quelle est la variation des ventes de 2013 à 2014 ? → Les ventes augmentent de 0,6 %.

UNITÉ 7 Test

1. Complétez les phrases avec des termes qui conviennent. ..../3

a. Vous avez tous les renseignements de notre société sur la page .... de notre .... web.

b. Beaucoup d'.................. ont visité notre site cette semaine.

c. L'.................. de ce site est très bonne : tous les renseignements utiles sont visibles, et la présentation est très ....

2. Vous écrivez un mail à votre collègue du service marketing pour lui communiquer la date et l'heure de la prochaine réunion. Vous détaillez l'ordre du jour (2 points à traiter). ..../4

De :
À :
Cc :
Objet :

3. Complétez avec un terme qui convient. ..../3

a. Vous avez vu les .... de ce trimestre ? – Non. Ils sont bons ou .... ?

b. Nous avons les résultats des ventes en ligne et des ventes .... Notre nouveau site web nous a permis d'.................. les ventes de 3 %.

c. Quel est le .... des internautes qui ont acheté un produit ? – 25%.

d. Pourquoi les visites sur notre site .... ? – Parce que le site n'est pas ergonomique.

e. Pour la nouvelle campagne publicitaire, nous allons .... un budget important.

f. Le chiffre .... est excellent cette année. Nous allons augmenter l'.................. de 25 à 30 personnes.

4. Complétez avec les verbes *prendre*, *apprendre* ou *comprendre* à la forme correcte. ..../4

a. Vous .... l'italien ? – Non, pas très bien, mais je .... des cours tous les jours.

b. Elles .... à utiliser le nouveau logiciel de gestion.

c. Tu .... ton petit-déjeuner à 8 heures ? – Oui, si tu veux, nous le .... ensemble.

d. Je ne .... pas bien ce graphique. Il .... en compte beaucoup de données et il est confus.

5. Utilisez un verbe à l'impératif pour donner un conseil. ..../3

a. Tu es fatigué. → .... !
b. Vous n'avez pas le code d'accès. → .... !
c. Tu n'es pas satisfait de ce produit. → .... !
d. Nous avons travaillé huit mois sur ce projet sans interruption. → .... !
e. Tu cherches un nouveau travail. → .... !

6. Complétez avec les connecteurs *et*, *ou*, *alors*. ..../4

a. Vous préférez aller à l'aéroport en métro .... en taxi ?

b. Mon ordinateur est en réparation .... je dois utiliser mon ordinateur portable.

c. Le nouveau directeur a dirigé des usines dans les cinq continents, ... il parle différentes langues étrangères, ... il est habitué à s'adapter aux pratiques culturelles.

d. L'italien .... l'espagnol sont des langues proches, ... ce sont des langues très différentes ?

7. Complétez en utilisant le passé récent avec *venir de*. ..../5

a. Je .... la page web de cette entreprise de la concurrence.

b. Vous .... ce bureau. Vous allez l'acheter ?

c. Éric est dans son bureau ? – Non, il ....

d. S'il te plaît, téléphone à ce client pour prendre rendez-vous. Il .... un message sur notre répondeur.

e. Vous pouvez organiser le cocktail pour demain ? – Je .... à Annick de le faire.

UNITÉ 8

Travail d'équipe

LEÇON 1

- Le team building
- Un contexte
- La cohésion
- Le stress
- Un conflit
- Une tension
- Se rencontrer
- Se découvrir
- Gérer
- Motiver

LEÇON 2

- Un plateau
- Une assiette
- Un couteau
- Une cuillère
- Un verre
- Une carafe
- Un menu
- Une entrée
- Un plat
- Un dessert
- Une formule
- Un restaurant
- Une commande
- Le petit-déjeuner
- Une tartine
- La confiture
- Un café
- Un thé
- Une viennoiserie
- Un croissant
- Un pain au chocolat
- Un yaourt
- Un fruit
- Manger
- Boire

LEÇON 3

- Un arrêt maladie
- Une maladie
- Une prolongation
- Une interruption
- Une absence
- Une indemnité
- Une démarche
- Un délai
- Une retenue financière
- Une prescription
- Un contrôle médical
- Une interdiction
- Tomber malade
- Déclarer
- Justifier
- Une visite médicale
- Un médicament
- Une balance
- La tension
- La fièvre
- La grippe
- La toux
- Un sirop
- L'aspirine (*féminin*)
- Le paracétamol
- Une ordonnance
- Être enrhumé(e)
- La tête
- L'œil / les yeux (*masculin*)
- L'oreille (*féminin*)
- Le nez
- La bouche
- Le bras
- Le ventre
- La main
- La jambe
- Le pied

La fréquence
- Je ne suis jamais malade.
- Il est souvent malade.
- Tu es toujours en forme.

UNITÉ 8 — Travail d'équipe

Compréhension de l'oral

1. Écoutez et répondez.

a. Où se trouve le journaliste ?

b. Avec qui parle le journaliste ? Quelle est la profession de cette personne ?

c. Quelles sont les 2 activités proposées ?
Le matin :
L'après-midi :

d. Quelle est la particularité de l'activité du matin ?

e. Combien de kilomètres courent les équipes en moyenne ?

f. Quelle est la distance maximum parcourue par certaines équipes ?

g. Quelles activités font les employés en général pendant les pauses-déjeuners ? (2 réponses attendues)
–
–

h. Quelles activités font les employés de l'entreprise le week-end ? (2 réponses attendues)
–
–

i. Quelle activité fait la personne interrogée ? Quand ?
–
–

Vocabulaire

2. Complétez le texte par les mots suivants : *se découvrir – renforcer – conflits – gérer – travailler en équipe – des courses de karting – sportives – team-building – motiver – des chasses au trésor*

Dans les entreprises aujourd'hui, des activités de .... (1) sont souvent organisées. Pourquoi ? C'est simple, l'entreprise rassemble tous les employés autour d'activités .... (2), culturelles ou de réflexion pour .... (3) le personnel, ... (4) la cohésion d'équipe ou encore féliciter les employés. Le personnel fait .... (5), ... (6), des rallyes par exemple, et ces activités permettent à tout le monde de .... (7), d'apprendre à .... (8) des .... (9) ou encore de .... (10) des affinités avec des collègues qu'il ne connaît pas bien.

3. Complétez le tableau par des activités de team-building.

Activités sportives	Activités culturelles	Activités de réflexion
K _ _ _ _ _ _	C _ _ _ _ _ _	E _ _ _ _ _ _ _ _ _
B _ _ _	C _ _ _ _ _	E _ _ _ _ _ _
D _ _ _ _	T _ _ _ _ _ _	J _ _ _ _ _ _ _ _ _
E _ _ _ _ _ _ _ _ _ _	I _ _ _ _ _ _ _ _ _ _ _ _	C _ _ _ _ _ _ _ _ _ _ _ _ _

Grammaire

4. Mettez les groupes de mots au pluriel.

a. un événement culturel →

b. un rallye original →

c. un nouveau collaborateur →

d. un employé français →

5. Transformez l'adjectif au féminin singulier ou au féminin pluriel selon le cas.

a. un jour exceptionnel → une journée ....

b. un jeu original → des activités ....

c. un concours sportif → des compétitions ....

d. un nouveau jeu → une .... activité.

LEÇON 1

6. Pour chaque photo, faites une phrase avec le verbe *faire* et le nom de l'activité.

a. Elle _____

b. Je _____

c. Nous _____

d. Tu _____

e. Ils _____

f. Vous _____

Compréhension de l'écrit

7. Lisez les commentaires des personnes et répondez aux questions.

Forum d'avis sur la chasse au trésor connectée	
Mike :	Vous connaissez la chasse au trésor connectée ? Donnez votre opinion sur cette activité qui favorise la cohésion d'équipe en entreprise pendant des journées team-building.
Aurélia :	Bonjour, je connais la chasse au trésor connectée, c'est super. Une activité géniale faite avec mes collègues de travail le mois dernier. Pour gagner, il faut être sportif, réfléchir et jouer de manière collective.
Pierre :	Je connais la chasse au trésor connectée. Je n'aime pas beaucoup le principe. C'est trop long et pas assez ludique. Je préfère les activités sportives et quand il y a de la compétition comme une course de karting ou un match de baby-foot humain.
Julien :	Moi aussi, je connais la chasse au trésor connectée et je suis d'accord avec Pierre. C'est long et trop calme je trouve. C'est dommage parce que l'idée est originale et bonne.

a. Qu'est-ce qu'Aurélia pense de la chasse au trésor connectée ? _____

b. Selon Aurélia, pour gagner il faut être _____ mais aussi _____ et jouer de manière _____ .

c. Pierre adore la chasse au trésor connectée ?   ☐ Vrai   ☐ Faux
Justifiez : _____

d. Pourquoi Pierre préfère les activités comme le karting ou le baby-foot humain ?
_____

e. Pourquoi Julien est d'accord avec Pierre ?
_____

f. Qu'est-ce que pense Julien de l'idée de la chasse au trésor connectée ?
_____

UNITÉ 8 — Travail d'équipe

Compréhension de l'oral

1. Écoutez et répondez.

a. Qu'est-ce que l'entreprise organise aujourd'hui ? Pourquoi ?

....

b. Selon l'homme, un petit-déjeuner en entreprise c'est : (2 réponses attendues)
☐ convivial ☐ classique ☐ original ☐ habituel

c. Selon l'homme un déjeuner ou un dîner d'affaires c'est : (2 réponses attendues)
☐ convivial ☐ classique ☐ original ☐ courant

d. Qu'est-ce qui est proposé au petit-déjeuner ?
☐ du café ☐ du thé ☐ du lait ☐ du jus d'orange
☐ du jus de pomme ☐ des fruits ☐ des tartines ☐ des croissants
☐ des brioches ☐ des céréales ☐ des barres de céréales
☐ des yaourts ☐ des pains aux raisins

e. Qu'est-ce qu'il y a dans la salle de pause de l'entreprise pour le petit-déjeuner des employés ?
☐ du café ☐ du thé ☐ du lait ☐ du jus d'orange
☐ du jus de pomme ☐ des fruits ☐ des tartines ☐ des croissants
☐ des viennoiseries ☐ des céréales ☐ des barres de céréales ☐ des yaourts

f. Selon la femme, pourquoi c'est important de pouvoir prendre le petit-déjeuner au travail ?
☐ parce que les employés n'ont pas le temps de prendre leur petit-déjeuner avant d'arriver au travail
☐ parce que les employés ne prennent pas le temps de prendre leur petit-déjeuner avant d'arriver au travail
☐ parce que les employés s'organisent mal et ne prennent pas leur petit-déjeuner avant d'arriver au travail

g. Que fait l'homme le matin avant d'entrer dans son bureau ? ....

h. Où la femme prend son petit-déjeuner en général ?
☐ chez elle ☐ au bureau ☐ chez elle ou au bureau

i. Que boit la femme au petit-déjeuner ? Et qu'est-ce qu'elle mange ?
☐ du café ☐ du thé ☐ du jus d'orange
☐ des tartines ☐ un croissant ☐ des céréales

Vocabulaire

2. Qu'est-ce que c'est ? Cochez la bonne réponse.

a.
☐ Un plateau
☐ Un menu
☐ Un plat

b.
☐ Un verre
☐ Une bouteille
☐ Une carafe

c.
☐ Une cuillère
☐ Une fourchette
☐ Un couteau

d.
☐ Un restaurant
☐ Un openspace
☐ Un escape game

LEÇON 2

e.
☐ Des tartines
☐ Des croissants
☐ Des pains au chocolat

f.
☐ Un verre
☐ Un couteau
☐ Une cuillère

g.
☐ Des entrées
☐ Des menus
☐ Des desserts

h.
☐ Des viennoiseries
☐ Des croissants
☐ Des pains au chocolat

Grammaire

3. Conjuguez les verbes *manger* ou *boire* au présent de l'indicatif.

a. Au petit-déjeuner, je .... du café, ma femme, elle, elle .... du thé.
b. Il .... souvent un croissant au petit-déjeuner.
c. Tu .... du jus d'orange le matin ?
d. Nous .... un café pendant notre réunion le lundi matin.

4. Mettez ces phrases au futur proche.

a. Tu déjeunes au restaurant ? ....
b. Vous mangez au restaurant de votre entreprise ? ....
c. Ils prennent une formule entrée-plat-dessert. ....
d. Elle a un déjeuner d'affaires mardi. ....

Compréhension de l'écrit

5. Remettez ces phrases dans l'ordre, puis, répondez aux questions.

a. Moi je vais prendre le saumon.
b. Bonjour, je peux prendre votre commande ?
c. Très bien, en entrée, vous allez prendre ?
d. Et en dessert, qu'est-ce que vous allez prendre ?
e. Parfait, et en boisson, vous allez prendre du vin, de l'eau ?
f. Une carafe d'eau, c'est parfait.
g. Oui, alors, nous allons prendre 2 formules entrée-plat-dessert.
h. Et pour madame ?
i. Une tarte aux pommes et une salade de fruits.
j. Deux salades césar en entrée, en plat, pour moi un tartare de bœuf.

1	2	3	4	5	6	7	8	9	10

a. Que commandent les 2 personnes ?
☐ 1 formule entrée-plat et 1 formule plat-dessert
☐ 2 formules entrée-plat-dessert
☐ 1 formule entrée-plat-dessert et une formule entrée-dessert

b. Que prend l'homme en plat ? ....
c. Que prend la femme en plat ? ....
d. Les deux personnes vont prendre des desserts ? ☐ Vrai ☐ Faux
Justifiez : ....
e. Que vont-ils boire ? ....

Production écrite

6. Vous écrivez à votre responsable pour changer les habitudes de votre entreprise. Vous proposez des petits-déjeuners d'affaires, vous expliquez les avantages du petit-déjeuner au travail avec vos collègues ou avec des clients. Faites l'exercice sur une feuille séparée. 60 mots minimum

UNITÉ 8 — Travail d'équipe

Compréhension de l'oral

1. Écoutez et répondez.

a. Où se passe la scène ? ....

b. Quel problème a l'homme ?
- ☐ Il a de la fièvre et mal à la tête.
- ☐ Il a mal aux oreilles.
- ☐ Il a mal partout et il est fatigué.

c. Quelle maladie il a ? ....

d. Quels conseils donne le médecin ?
- ☐ prendre des médicaments et se reposer
- ☐ prendre des médicaments et du sirop
- ☐ boire beaucoup d'eau et prendre des médicaments

e. Qu'est-ce que fait le médecin ?
- ☐ Une ordonnance et un arrêt de travail de 5 jours.
- ☐ Une ordonnance et un arrêt de travail d'une semaine.
- ☐ Une ordonnance mais pas d'arrêt de travail.

f. À quelles parties du corps a souvent mal l'homme dernièrement ?
- ☐ aux jambes ☐ au dos ☐ au genou ☐ au pied

g. Que va faire le médecin pour le problème de l'homme ?
- ☐ une ordonnance ☐ des radios
- ☐ lui donner un autre rendez-vous

Vocabulaire

2. Associez chaque mot à sa définition.

1. Une visite médicale
2. Une ordonnance
3. Un sirop
4. Un arrêt maladie
5. Une retenue financière
6. Une prolongation

a. Médicament liquide souvent utilisé pour la toux.
b. Somme d'argent prélevée sur votre salaire.
c. Période ajoutée à une durée normale, de congé par exemple.
d. Papier fait par le médecin pour avoir des médicaments.
e. Contrôle régulier pour vérifier votre état de santé.
f. Période de repos pour maladie ou blessure.

Mot	1	2	3	4	5	6
Définition						

3. Retrouvez dans cette grille 10 parties du corps.

A	P	I	E	T	O	U	I	R	C	A
P	O	E	I	L	J	A	M	B	E	I
O	R	E	B	T	I	U	A	M	N	O
L	E	V	O	B	O	P	I	E	D	N
A	I	N	U	T	V	E	N	T	R	E
F	L	N	C	H	A	N	B	O	I	Z
E	L	I	H	O	B	R	A	S	S	O
T	E	T	E	P	R	A	X	I	P	I

1. .... 6. ....
2. .... 7. ....
3. .... 8. ....
4. .... 9. ....
5. .... 10. ....

Grammaire

4. Complétez les phrases.

a. J'ai très mal .... Je vais aller chez le dentiste.

b. J'ai la grippe, j'ai mal ....

c. Si tu travailles trop sur ton ordinateur, tu as mal .... Mets tes lunettes !

d. La natation, si tu as mal .... c'est parfait selon les médecins.

e. Tu as mal .... ? Tu cours trop, ce n'est pas bon pour les genoux.

66 | soixante-six

LEÇON 3

Compréhension de l'écrit

5. Lisez le mail de Marc et répondez aux questions.

De :
À :
Cc :
Objet :

Salut David, tu sais que je viens d'aller chez le médecin ? Il vient de me faire une prolongation de mon arrêt de travail parce que je suis toujours malade. Je vais sans doute revenir lundi prochain mais ce n'est pas sûr. Peux-tu prévenir Cécile que je ne vais pas pouvoir être au rendez-vous avec nos collaborateurs japonais demain ? Je vais envoyer un mail à toute l'équipe dans la matinée. J'espère être de retour lundi et pouvoir rencontrer le nouveau responsable marketing. Comment est-il ? J'envoie ma prolongation d'arrêt de travail à la responsable des Ressources humaines tout de suite.
À lundi j'espère.
Marc

a. Pourquoi Marc envoie un mail à David ?

b. Quand Marc pense revenir travailler ?

c. Que doit dire David à Cécile ?

d. Que va faire Marc dans la matinée ?

e. Pourquoi Marc espère être de retour lundi ?

f. Qu'est-ce que Marc va envoyer à la responsable des ressources humaines ?

Production écrite

6. Vous répondez au mail de Marc. Vous demandez de ses nouvelles, vous répondez à ses questions et racontez comment se passe l'organisation au travail sans lui.
60 mots minimum

Phonétique

7. Soulignez dans les phrases toutes les voyelles nasales. Prononcez ensuite ces phrases à voix haute.

a. J'ai souvent mal aux jambes quand il fait chaud.
b. Nous mangeons des croissants au petit-déjeuner le dimanche.
c. Je n'ai pas faim. Je viens de manger deux pains au chocolat.
d. Nous allons prendre le saumon. Le poisson est très bon ici.

UNITÉ 8 Test

1 Barrez l'intrus. ..... /2

a. équitation – boxe – karting – football
b. escape game – chasse au trésor – énigmes – marathon
c. théâtre – énigme – cours de chant – yoga
d. escalade – accrobranche – karting – cuisine

2 Placez dans le tableau les adjectifs suivants. Mettez les adjectifs au pluriel. ..... /6

bon – grosse – original – culturelle – sportive – exceptionnelle – nouvel – connecté – curieuse – particulier – blanche – long

Masculin pluriel	Féminin pluriel

3 Reliez les débuts et fins de phrases. ..... /3

- 1. équitation
- 2. karting
a. Il fait du
- 3. musique
b. Nous faisons de la
- 4. escalade
c. Elles font de l'
- 5. danse
- 6. yoga

4 Mettez ces phrases au futur proche. ..... /2

a. Il mange des croissants au petit-déjeuner.
→
b. Nous buvons beaucoup de café.
→
c. Vous prenez une formule entrée-plat-dessert ?
→
d. Tu bois un verre de vin ?
→

5 Reliez chaque expression aux parties du corps. ..... /2

- 1. ventre
- 2. tête
- 3. bras
- 4. yeux
a. Avoir mal à la
- 5. pied
b. Avoir mal au
- 6. genoux
c. Avoir mal aux
- 7. jambe
- 8. oreilles

6 Lisez le mail et répondez. ..... /5

Objet : Journée team-building

Philippe,

Que penses-tu d'organiser une journée team-building le mois prochain ? Je pense que faire des activités pour renforcer la cohésion d'équipe dans notre entreprise est important. Il est aussi important de féliciter nos employés pour leur motivation et leurs résultats. On peut organiser une journée avec une présentation des résultats le matin, un déjeuner et faire ensuite deux activités de team building. Une chasse au trésor par exemple ou un rallye et ensuite une activité comme du théâtre ou de l'improvisation. On peut parler de cette journée autour d'un café cette semaine si tu veux. À bientôt,

Marc

a. Pourquoi Marc envoie un mail à Philippe ?

b. Qu'est-ce qui est important selon Marc ? (2 réponses attendues)

c. Donnez les détails de l'organisation de cette journée ?

d. Quelles activités propose Marc ?

Préparation au DELF Pro

1 Compréhension de l'écrit — 25 points

Exercice 1 — 6 points
Lisez et répondez.

1. Très bel appartement à louer.
En plein centre ville. Près de l'arrêt République.
3 pièces : cuisine américaine, 1 chambre et un salon
Pour plus d'informations, appelez le 06-70-34-21-27

2. Vous partez en voyage d'affaires à Milan. L'hôtel Dolce Vita est magnifique, le restaurant de l'hôtel propose des formules économiques et les pizzas sont excellentes.

3. Je recherche une personne sportive et motivée pour aller faire du tennis le mardi et le vendredi après le travail. Appelez-moi au 06-34-26-71-39. Serena.

4. Le restaurant de l'entreprise est ouvert de 11h à 15h tous les jours.
Au choix, plusieurs formules : entrée-plat-dessert ou entrée-plat/ plat-dessert.

5. Pour la journée team-building du 9 avril, rendez-vous devant l'accueil à 10h.
Au programme, karting, jeu de piste et improvisation théâtrale.

6. La machine à café de la salle de pause ne fonctionne pas. Je propose de se cotiser pour acheter une nouvelle machine à café. 2 euros par personne.

7. N'oubliez pas, le vendredi c'est la journée sans emails. Appelez-vous, parlez-vous, mais n'envoyez pas de mails.

8. Prenez rendez-vous pour une visite médicale entre le 21 et le 25 mars.
Le cabinet médical se trouve rue Algésiras, au numéro 31. 1er étage, porte D.

a. Vous voulez louer un nouvel appartement.
Annonce : ....

b. Vous allez à une visite médicale de votre entreprise.
Annonce : ....

c. Vous aimez jouer au tennis et êtes disponible le mardi.
Annonce : ....

d. Vous déjeunez au restaurant avec des collègues ce midi.
Annonce : ....

e. Votre entreprise organise une journée team-building.
Annonce : ....

f. Vous partez à Milan la semaine prochaine pour des réunions.
Annonce : ....

Exercice 2 — 8 points
Lisez et répondez.

> Maryline, j'ai des rendez-vous toute la journée à l'extérieur, je ne suis pas au bureau de la journée.
> Merci de prévenir nos collaborateurs japonais que notre réunion de demain est à 10h et qu'elle va avoir lieu au troisième étage.
> Appelez l'entreprise organisatrice de la journée team-building pour confirmer la date.
> Réservez un taxi pour l'aéroport pour jeudi matin, 7h 15.
> Faites livrer un bouquet de fleurs à ma femme pour son anniversaire ce midi et réservez le restaurant Au petit Paris pour 20h30 pour 2 personnes.
> Emmanuel

a. Combien de choses doit faire Maryline aujourd'hui ? ....

b. Qu'est-ce que Maryline doit dire aux collaborateurs japonais ?
....

c. Où a lieu la réunion demain ? ....

d. Pourquoi Maryline doit appeler l'entreprise organisatrice de team-building ?
☐ pour annuler la journée team building.
☐ pour modifier la date de la journée team-building.
☐ pour confirmer la date de la journée team-building.

e. Que doit faire Maryline pour jeudi matin ?
....

f. Que va faire Emmanuel ce soir à 20h30 ? Pourquoi ?
....

Exercice 3 — 6 points
Lisez et répondez.

> L'entreprise AVORIO déménage. Nous entrons dans nos nouveaux locaux la semaine prochaine. Nous vous invitons à venir découvrir nos nouveaux espaces le vendredi 21 mars à 19h. Un cocktail est organisé et nous comptons sur votre présence. Merci de confirmer votre présence à ce mail avant jeudi 18 heures.
>
> maud-cocktail@avoria.com

a. Pourquoi l'entreprise AVORIO organise un cocktail ?
....

b. Quand est l'entrée dans les nouveaux locaux ?
....

c. Qu'est-ce que ce que vous pouvez faire le vendredi 21 mars ? À quelle heure ?
....

d. Qu'est-ce que vous devez faire avant jeudi 18 heures ?
....

Préparation au DELF Pro

Exercice 4
5 points

Lisez l'agenda de Paul et associez les phrases aux jours.

	Lundi	Mardi	Mercredi	Jeudi	Vendredi
8h	Réunions avec toute l'équipe			Départ 9h RV devant les bureaux	
9h		Petit-déjeuner Département marketing			
10h			Visite médicale	Journée team-building	Réunion avec Sophie (salle de visioconférence)
11h					
12h	Déjeuner clients japonais				
13h					
14h					
15h					
16h					
17h					
18h	Yoga		Yoga		
19h					Cocktail entreprise AVORIO
20h		Dîner avec Marine		Confirmer présence au cocktail de demain avant 18h	

a. Paul fait du yoga.
b. Paul a une journée d'activités pour renforcer la cohésion d'équipe.
c. Paul va dîner avec Marine.
d. Paul rencontre des clients japonais
e. Paul à une réunion en visioconférence.

	Lundi	Mardi	Mercredi	Jeudi	Vendredi
Phrases					

2 Production écrite
25 points

Exercice 1
10 points

Vous avez un nouveau poste dans une entreprise francophone. Vous devez remplir ce formulaire pour avoir une carte d'accès à l'entreprise. Complétez le formulaire suivant.

FORMULAIRE DONNÉES PERSONNELLES

Noms : ....   Téléphone : ....

Prénoms : ....   Mail : ....

Âge : ....   Nom de l'entreprise : ....

Profession : ....   Situation familiale : ....

Nationalité : ....   Langues parlées : ....

Exercice 2

15 points

Votre entreprise s'installe dans le quartier de la Défense à Paris. Vous envoyez un mail à un collaborateur à l'étranger pour lui parler de ce changement. Vous lui décrivez les nouveaux locaux, les différents espaces qu'il y a. Vous situez l'entreprise et chaque pièce de l'entreprise. Vous donnez un maximum de précisions sur le mobilier, les objets... Environ 60 mots

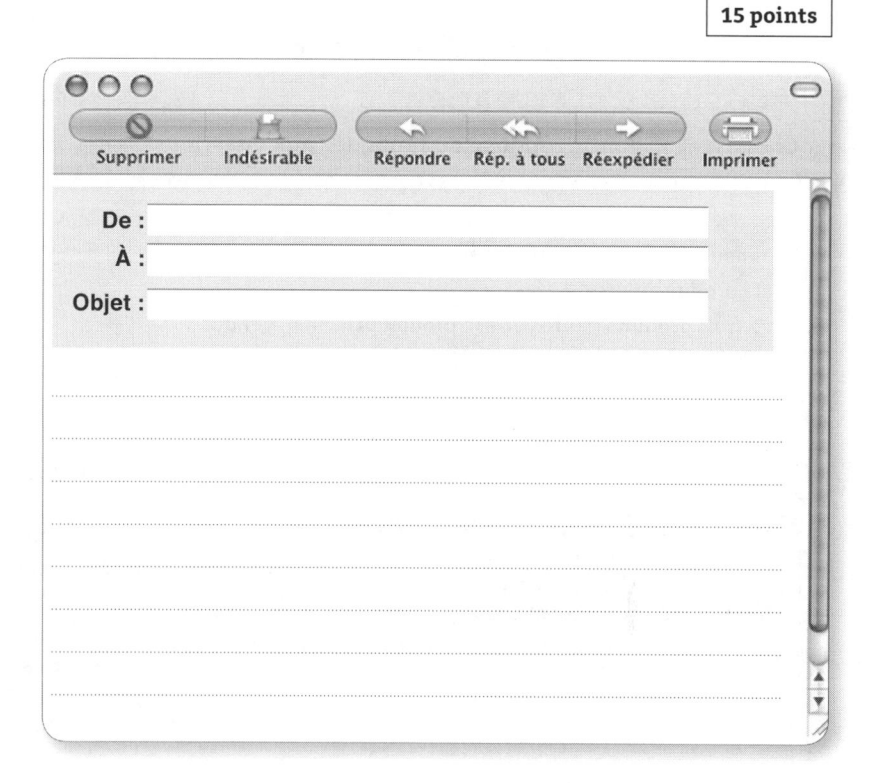

De :
À :
Objet :

3 PRODUCTION ORALE

25 points

• Entretien dirigé (sans préparation)

1 minute environ

Objectif : se présenter / parler de soi

Répondre à des questions telles que :
– Vous faites quoi dans la vie ?
– Présentez-moi votre entreprise.
– Parlez-moi d'un collègue de travail ou de votre chef.
– Vous déjeunez où et qu'est-ce que vous mangez en général ?
– Décrivez votre espace de travail ?
– ...

• Échange d'informations
(avec préparation)

2 minutes environ

Objectif : poser des questions à partir des mots qui sont sur les cartes-mots

RESPONSABLE	OPENSPACE
TEAM BUILDING	LOISIRS
VISITE MÉDICALE	FORMULAIRE
RESTAURANT	MACHINE À CAFÉ
APPARTEMENT	STATION

• Dialogue simulé ou jeu de rôle
(avec préparation)

2 minutes environ

Objectif : jouer à deux (le candidat et l'examinateur) une situation donnée

Situation A : Vous arrivez à votre hôtel. Vous demandez à l'accueil votre chambre, où elle se trouve et ce qu'inclus la réservation. L'examinateur joue le rôle du réceptionniste.

Situation B : Vous êtes au restaurant avec une cliente. Le serveur vient prendre votre commande, vous répondez pour vous et votre cliente. L'examinateur joue le rôle du serveur.

Situation C : Votre entreprise souhaite organiser une journée team building. Vous êtes en charge de l'organisation. Vous contactez une entreprise qui propose des journées et activités team building. L'examinateur joue le rôle du commercial de l'entreprise organisatrice de journées team building.

soixante et onze | 71

Vidéos

UNITÉ 5   Les commerces et les commerçants

■ Activités d'observation

1. Choisissez la bonne réponse ou répondez aux questions.

a. De quelles couleurs sont les voitures qui sont devant le magasin ?

b. Comment s'appelle le commerçant ?

c. Quels produits il vend ?

d. Citez trois produits (autres que le produit principal) vendus par le commerçant ?

-
-
-

e. Combien coûte le kilo de Souréliette de Lozère ?
- ☐ trente et un euros quatre-vingts
- ☐ trente et un euros quarante
- ☐ trente euros quarante et un

f. Citez un vêtement porté par la personne interrogée.

■ Activités de compréhension

2. Choisissez la bonne réponse ou répondez aux questions.

a. Quel âge a ce commerçant ? Où il travaille ?

b. Situez avec précision le commerce :

c. Citez deux produits qui se vendent beaucoup dans ce commerce :
- ☐ du camembert   ☐ du fromage de chèvre   ☐ du roquefort
- ☐ du bleu   ☐ du comté   ☐ du mont d'or

d. Cochez les phrases correctes :
- ☐ François aime vendre des bons fromages à ses clients.
- ☐ François déteste le fromage.
- ☐ François n'aime pas les relations commerciales.
- ☐ Les fromages de printemps et d'automne sont très bons.
- ☐ Les fromages d'été sont mauvais.

UNITÉ 6   Les moyens de transport

■ Activités d'observation

1. Choisissez la bonne réponse ou répondez aux questions.

a. Dans le film, on voit un paysage ☐ urbain ☐ rural ☐ les deux
On voit des transports ☐ souterrains ☐ extérieurs ☐ les deux

b. Une personne achète un ticket de transport dans une borne automatique.
Elle paye   ☐ en espèces   ☐ par carte

c. Le film montre différents lieux. Cochez les lieux qui apparaissent.
- ☐ une gare   ☐ un aéroport   ☐ une station de métro
- ☐ une station de RER   ☐ un arrêt d'autobus

d. À la station de Levallois,
Quelle heure est-il ?

Le prochain train arrive dans ☐ 7 minutes ☐ 5 minutes
☐ 1-2 minutes

e. Combien coûte un abonnement de courte durée pour le Vélib', hors coût de location ?
Pour 1 jour : .... €   Pour 7 jours : .... €

■ Activités de compréhension

2. Choisissez la bonne réponse ou répondez aux questions.

a. Combien dure le trajet Paris-Marseille en TGV ?
☐ 2 heures   ☐ 3 heures   ☐ 4 heures

À quelle vitesse peut circuler le TGV ?
☐ 380 km/h   ☐ 220 km/h   ☐ 320 km/h

Combien de gares terminus il y a à Paris : ☐ 5 ☐ 7 ☐ 9

Combien de voyageurs utilisent la Gare de Lyon par an ?
☐ 83 millions   ☐ 93 million   ☐ 73 millions

b. Quels adjectifs qualifient le métro parisien ? (2 réponses attendues)
.... et ....

Combien de lignes il y a ? ☐ 7 ☐ 12 ☐ 16 ☐ 18

Quelle est la longueur des lignes de métro, en kilomètres ?
☐ 114   ☐ 204   ☐ 214

Combien de stations de métro il y a à Paris : ....

Selon le nombre de voyageurs en métro, classez ces villes, de la plus importante à la moins importante :
Moscou – Séoul – Paris – Tokyo
1 : .... 2 : .... 3 : .... 4 : ....

c. En quelle année a été mis en service le service de location de vélos Vélib' ?
☐ 2005   ☐ 2007   ☐ 2016   ☐ 2017

Combien de stations Vélib' il y a à Paris ?
☐ 1100   ☐ 1020   ☐ 1200

Il y a une station Vélib' tous les
☐ 100 mètres   ☐ 200 mètres   ☐ 300 mètres

Quels jours de la semaine et à quels horaires on peut louer un vélo ?

UNITÉ 7   AMAP

■ Activités d'observation

1. Choisissez la bonne réponse ou répondez aux questions.

a. Observez les trois personnes interviewées dans le film, et donnez les renseignements demandés.

	Homme 1	Homme 2	Femme
Couleur des cheveux	☐ Bruns ☐ Clairs	☐ Bruns ☐ Clairs	☐ Bruns ☐ Clairs
Il/Elle porte une queue de cheval.	☐ oui ☐ non	☐ oui ☐ non	☐ oui ☐ non
Il/Elle porte une/des boucle(s) d'oreille.	☐ oui ☐ non	☐ oui ☐ non	☐ oui ☐ non
Il/Elle porte des lunettes.	☐ oui ☐ non	☐ oui ☐ non	☐ oui ☐ non
Il a une	☐ moustache ☐ barbe	☐ moustache ☐ barbe	

b. Quels sont les véhicules qui apparaissent au long du film ? Cochez les bonnes réponses.
☐ une voiture ☐ un vélo ☐ un autobus
☐ une camionnette ☐ une motocyclette ☐ une trottinette

c. Quels sont les aliments qui apparaissent dans le film. Citez-en au moins trois.
– ....
– ....
– ....

d. Observez le film et dites si vous voyez ces personnes.
1. Un homme avec un tablier blanc ☐ oui ☐ non
2. Une femme avec un chapeau ☐ oui ☐ non
3. Un enfant ☐ oui ☐ non
4. Un homme avec des lunettes de soleil ☐ oui ☐ non
5. Un policier ☐ oui ☐ non

■ Activités de compréhension

2. Choisissez la bonne réponse ou répondez aux questions.

a. Que signifie le sigle AMAP ?
☐ Association pour le maintien de l'activité paysanne
☐ Association pour la manutention de l'agriculture paysanne
☐ Association pour le maintien de l'agriculture paysanne

b. De quelle région provient l'agriculteur interviewé ?
☐ Picardie ☐ Normandie ☐ Limousin ☐ Midi-Pyrénées

c. Dites si ces phrases sont vraies ou fausses.
L'activité de l'AMAP se caractérise par :
1. la vente directe de l'agriculteur au consommateur ☐ vrai ☐ faux
2. la vente de produits frais dans les supermarchés ☐ vrai ☐ faux
3. la production biologique ☐ vrai ☐ faux
4. la garantie de produits de proximité ☐ vrai ☐ faux
5. la distribution des produits dans le territoire national ☐ vrai ☐ faux
6. la garantie de produits saisonniers ☐ vrai ☐ faux

d. Cochez la bonne réponse ou dites si les phrases sont vraies ou fausses.
1. La femme interviewée s'appelle Sylvie. ☐ vrai ☐ faux
2. Elle est membre de l'AMAP depuis… ☐ 2 ans ☐ 3 ans
3. Elle habite dans le quartier. ☐ vrai ☐ faux
4. Elle s'occupe de l'organisation de l'AMAP. ☐ vrai ☐ faux
4. Elle travaille dans un supermarché. ☐ vrai ☐ faux
6. Elle habite à Paris. ☐ vrai ☐ faux

e. Choisissez la réponse correcte.
1. Les adhérents à l'association paient les producteurs agricoles pour une période de :
☐ un mois. ☐ un an. ☐ deux ans.
2. Ils obtiennent un panier de produits frais :
☐ toutes les semaines. ☐ tous les mois. ☐ tous les jours.

UNITÉ 8 Les loisirs

■ Activités d'observation

1. Choisissez la bonne réponse ou répondez aux questions.

a. Où est la première personne interrogée ?
☐ Dans la rue ☐ Dans un parc ☐ Dans un restaurant

b. De quelle couleur sont les yeux de la deuxième personne interrogée ?
....

c. Quelle est la profession de la quatrième personne interrogée ?
☐ vendeuse ☐ restauratrice/ traiteur ☐ chef

d. Combien de couples sont interrogés ? ☐ un ☐ deux ☐ trois

e. La dernière personne a un piercing :
☐ à la lèvre ☐ à l'oreille ☐ au nez

■ Activités de compréhension

2. Choisissez la bonne réponse ou répondez aux questions.

a. Quelle est la première question posée par le journaliste ?
....

b. Cochez les phrases correctes :
☐ La première femme interrogée n'a pas d'enfants.
☐ La première femme interrogée aime voyager pendant son temps libre.
☐ La première femme interrogée aime la lecture.
☐ La deuxième femme interrogée aime visiter la campagne.
☐ La deuxième femme interrogée parle beaucoup avec ses amis.

c. Quels sont les jours cités par le premier homme interrogé ?
....

d. De quels quartiers de Paris parlent les personnes interrogées ?
☐ Châtelet ☐ Luxembourg ☐ Barbès ☐ Montmartre

e. Combien de semaines de congés payés ont les Français ?
☐ 3 semaines ☐ 4 semaines ☐ 5 semaines

f. Quels sont les loisirs cités par les personnes :
☐ le yoga ☐ la peinture ☐ les voyages ☐ le golf
☐ la danse ☐ le football ☐ le théâtre ☐ l'opéra

g. Pourquoi la dernière femme interrogée n'a pas de temps libre ?
☐ beaucoup de travail, les voyages d'affaires, la famille
☐ trop de travail, la famille, les enfants
☐ beaucoup de travail, les voyages d'affaires, les enfants

soixante-treize | 73

Transcriptions

UNITÉ 1

▶ Leçon 1 – page 6

a. Je m'appelle Francisco DELAVEGA. D – E – L – A – V – E – G – A. Je suis marié et j'ai 2 enfants, un fils et une fille.

b. Voici Pauline MURAILLE. Pauline, P – A – U – L – I – N – E, Muraille, M – U – R – A – I – L – L – E. Elle est célibataire. Et voici Sébastien Bonneau. B – O – N – N – E – A – U. Il est divorcé.

c. Nous sommes Julien MARTIN M – A – R – T – I – N et Sandrine KINNER K – I – N – N – E – R. Nous sommes en couple et nous avons un enfant. Il s'appelle Maxime.

d. Elle s'appelle Émilie ACHIL, A – C – H – I – L. Elle est en couple avec Emmanuel DRÉVILLON, D – R – É – V – I – L – L – O – N. Ils ont une fille.

▶ Leçon 2 – page 8

a. Il s'appelle Marc. Il a 58 ans. Il est architecte. Voici son adresse mail : marc-architecture@yahoo.com

b. Je m'appelle Fatima. J'ai 31 ans et je suis assistante de direction. Mon numéro de téléphone est le 01– 46 – 22 – 13 – 66.

c. Elle s'appelle Valérie. Elle a 43 ans. Elle est consultante. Son mail est valerie.consult@gmail.com

d. Je suis Joseph. Je suis ingénieur et j'ai 37 ans. Mon téléphone est le 06 – 65 – 15 – 29 – 16.

▶ Leçon 3 – page 10

a. Je m'appelle Quentin Dumont. Je suis technicien. Je suis canadien. Je parle anglais, français et allemand.

b. Je suis Marina Parol. Je suis polonaise. Je suis hôtesse de l'air et je parle polonais, français, anglais et espagnol.

c. Je m'appelle Kelly Jones. Je suis américaine. Je suis directrice. Je parle anglais, espagnol, français et italien.

d. Je suis Asami Sako. Je suis japonaise. Je parle japonais, anglais, chinois et français. Je suis traductrice.

UNITÉ 2

▶ Leçon 1 – page 14

Bonjour, je m'appelle Sébastien Pasquier. Je suis le directeur de la société Studio 80. Studio 80, créée en 2010, est une entreprise du secteur audiovisuel et notre spécialité est la photographie et la vidéo publicitaire. Nous sommes installés à Montpellier. Nous travaillons pour des petites et des grandes entreprises de différents secteurs : électronique, grande distribution, immobilier, automobile, banque, etc. Nous réalisons des spots publicitaires et des affiches créatives et originales. Nous sommes 12 personnes dans l'équipe : il y a des professionnels de l'audiovisuel, une secrétaire et un responsable commercial.

▶ Leçon 2 – page 16

– Bonjour, je suis Guillaume Martin. Je suis le nouveau responsable marketing.
– Ah, oui, bienvenu Guillaume ! Je suis Sarah Lehmann, la responsable des ressources humaines.
– Oui, je sais, je viens pour les formalités, pour mon contrat.
– Très bien. Alors, voilà la copie du contrat de travail, le règlement intérieur et un formulaire à remplir.
– C'est pour quoi ce formulaire ?
– C'est pour la carte d'employé.
– Ah… et à quoi sert la carte ?
– La carte est indispensable pour l'accès aux installations de l'entreprise et pour le parking. Vous présentez également la carte au personnel de sécurité et elle est obligatoire pour le restaurant d'entreprise. C'est votre identification. Elle est valable pour les services médicaux et la mutuelle. Elle est valable un an.
– Ah, très bien, merci.
– Vous avez apporté une photo et un RIB ?
– Ah, zut… non, je suis désolé.
– Ce n'est pas grave. Demain, d'accord ?
– Oui oui, sans problème. Merci.

▶ Leçon 3 – page 18

a. – Allô Pascal, vous pouvez venir ?
– Non, désolé, je suis en réunion.

b. – Combien de personnes travaillent dans votre service ?
– Nous sommes 8 au total.

c. – Voilà Alice. Votre ordinateur est prêt. Votre mot de passe est ALI01.
– Merci. Et l'identifiant ?
– L'identifiant, c'est compta02.

d. – À lundi !
– Non, le 17 avril je suis en déplacement en Belgique.

UNITÉ 3

▶ Leçon 1 – page 22

Femme : Bonjour, c'est pour la visite de l'appartement ?

Homme : Oui, c'est bien ça. Je suis Paul Makan.

Femme : Alors, entrez. Vous voyez ici il y a une petite entrée et à droite, vous avez la cuisine américaine, ouverte sur le salon.

Homme : Ah, très bien, c'est lumineux et spacieux.

Femme : Oui, c'est très grand et la lumière du jour, c'est important. En face de la cuisine, vous avez les chambres ici à droite, et à gauche, une petite chambre ou un bureau si vous préférez.

Homme : Ah oui c'est parfait pour un bureau en effet. Et la salle de bains ?

Femme : Au bout du couloir, vous avez les toilettes, et juste à côté, la salle de bains.

Homme : Ah, c'est très bien, j'aime beaucoup cet appartement.

▶ Leçon 2 – page 24

Le journaliste : Nous sommes actuellement à Paris, au 12e étage d'une tour dans le quartier de la Défense. Alors, ici, il y a un open space et 32 personnes travaillent dans cet open space. Daphné et Grégory parlent de leurs bureaux.

Daphné : Alors ici, c'est l'open space. Vous avez 35 bureaux et chaises. Chaque employé a son bureau et sa chaise. Sur les bureaux, il y a un ordinateur, un clavier bien sûr, une souris et nous avons 8 imprimantes pour tout l'open space. Nous avons un téléphone sur chaque bureau et moi, j'ai mon petit matériel indispensable, des feutres, des dossiers, un bloc pour mes notes…

Grégory : Nous avons une salle de pause très agréable, au bout du couloir. Dans la salle de pause, il y a des fauteuils pour se détendre, des tables et des chaises. Il y a un micro-ondes et une machine à café.

Le journaliste : Vous n'avez pas de restaurant d'entreprise ?

Grégory : Si mais nous pouvons apporter notre repas et déjeuner en salle de pause. Le restaurant d'entreprise et au rez-de-chaussée et il y a aussi des cafés, des restaurants dans le quartier si on veut sortir de l'entreprise.

▶ Leçon 3 – page 26

Homme 1 : Le télétravail, moi j'adore. Je travaille de chez moi, j'ai un bureau dans mon appartement et je suis efficace. J'aime faire du télétravail parce que je n'ai pas à prendre les transports pour aller au bureau. Je gagne du temps, c'est très agréable.

Femme 1 : Moi je préfère travailler dans l'entreprise, nos bureaux sont très spacieux, nous avons des équipements pour faire du sport pendant la pause-déjeuner. Nous avons aussi une salle de pause et j'adore prendre un café avec mes collègues dans la salle de pause. Je télétravaille peu de chez moi parce que j'aime travailler en équipe.

Homme 2 : Moi, je suis architecte et je travaille dans un espace de coworking. J'aime être dans cet espace parce que nous sommes 6 personnes et nous avons des professions différentes. C'est super, j'adore voir comment travaillent les autres et travailler chez moi, c'est compliqué avec les enfants.

Femme 2 : Je suis journaliste et j'adore le télétravail. Je vais très peu au bureau, j'évite les déplacements, je choisis mes horaires, je peux faire des pauses pour m'occuper de mes enfants, c'est génial le télétravail ! J'aime aussi aller au bureau et voir mes collègues, déjeuner avec eux, c'est sympa.

UNITÉ 4

▶ Leçon 1 – page 30

Femme : La réunion est vendredi prochain, le 22 septembre ?
Homme : Non, non, c'est mercredi, le 20 septembre. Vendredi, c'est la visite de la délégation allemande.
Femme : Ah ! Et le 22 octobre, c'est bien l'assemblée générale, non ?
Homme : Non ! Le 22, c'est un dimanche ! L'assemblée c'est le 23 !
Femme : Oh la la… Où est mon agenda ?
Homme : Ah, et n'oublie pas la fête pour les 25 ans de l'entreprise, fondée le 30 novembre 92. La fête, c'est le samedi 28 novembre.
Femme : Tu es sûr ?

▶ Leçon 2 – page 32

– Pablo, dans ton pays, quels sont les horaires de travail ?
– Eh bien, ça dépend, mais en général on commence à 8 heures.
– Ah bon ? Et vous terminez à quelle heure ?
– À 6 heures et demie, normalement.
– Et vous déjeunez à quelle heure ?
– On fait une pause de 14 heures à 15 heures 30.
– Ah d'accord ! Et le soir, qu'est-ce que tu fais ?
– Je vais au supermarché et avec ma femme, nous dînons à 21 heures.
– Mais à quelle heure ferment les magasins ?
– Les supermarchés et les petits magasins, à 8 heures. Mais les grandes surfaces à 22 heures.
– Et ben… Et les banques ? À quelle heure elles ferment ?
– Ah, non, les banques ferment à 14 heures trente. Elles sont fermées l'après-midi.

▶ Leçon 3 – page 34

Dialogue 1
– Bonjour madame, je voudrais un rendez-vous avec Monsieur Rocher, demain matin si possible.
– Quel est le motif du rendez-vous ?
– Je vais présenter les nouveaux équipements informatiques.
– Un instant, je vais voir s'il est disponible. Vous êtes madame ?
– Je suis madame Martinez.
– Monsieur Rocher est disponible entre 10 heures et 11 heures trente. À 10 heures, ça vous convient ?
– À dix heures, c'est parfait.
– Bien, c'est noté. Demain, jeudi 7 décembre, à 10 heures.

Dialogue 2
– Bonjour, je suis Sophie Klein, est-ce que je pourrais avoir rendez-vous avec le docteur Lagier la semaine prochaine, mardi après-midi ?
– Ah non, je suis désolée, le docteur Lagier n'est pas disponible mardi après-midi, il est en visite à l'hôpital. Mercredi il est là, c'est possible pour vous ?
– Euh… attendez, j'ai un autre rendez-vous, mais je vais m'arranger. D'accord pour mercredi après-midi. À quelle heure ?

– À 16 heures 15, cela vous convient ?
– Oui, c'est parfait. Je note, mercredi prochain, 14 juin, à 4 heures et quart. Merci.

Dialogue 3
Femme : Société Lavigne, bonjour.
Homme : Bonjour, je voudrais parler à madame Vincent. Je suis Christophe Vuitot, de la société A+2.
Femme : Je suis désolée monsieur Vuitot. Madame Vincent n'est pas là aujourd'hui.
Homme : Dommage… Je voudrais la rencontrer pour parler d'une importante commande, mais je suis à Paris seulement aujourd'hui et demain.
Femme : Bien, je peux vous donner un rendez-vous demain après-midi, si vous voulez.
Homme : Ah, non, ce n'est pas possible, mon avion décolle à midi. Je reviens à Paris la semaine prochaine, jeudi 12 et vendredi 13. Je vais téléphoner lundi matin pour prendre rendez-vous, d'accord ?
Femme : Très bien monsieur. Au revoir.

UNITÉ 5

▶ Leçon 1 – page 38

a. Cette nouvelle voiture électrique est parfaite pour circuler en ville. Avec une autonomie de 400 km, vous pouvez faire des courtes ou des longues distances. Sa puissance est maximale. Protéger l'environnement est une de vos préoccupations ? Alors n'hésitez pas, le prix de cette petite voiture puissante est très compétitif !

b. Vous n'avez pas le temps de cuisiner ? Vous ne voulez pas passer des heures à réaliser des recettes compliquées mais vous aimez bien manger ? Ce joli robot multifonctions permet à tout le monde de devenir un vrai chef ! Réaliser des petits plats variés est un réel plaisir avec cet appareil facile à utiliser.

c. La nouvelle collection printemps-été arrive. Le pantalon du tailleur *Cachemirel* vous donne un style à la fois habillé et décontracté. Existe en différents coloris : gris ou noir pour un style un peu strict, bleu ou blanc, pour le printemps ou pour l'été.

d. Ce grand canapé confortable est idéal pour la salle de pause de votre entreprise. Pourquoi ce canapé est l'objet à acquérir ? Parce qu'il est grand, sa matière est agréable, ses coloris variés et son prix… petit ! Le prix est avantageux si vous achetez les fauteuils assortis.

▶ Leçon 2 – page 40

Homme 1 : Bonjour, vous désirez ?
Homme 2 : Bonjour, je voudrais des fruits. Des oranges, 8 kilos, des bananes, 4 kilos et des pommes, 6 kilos.
Homme 1 : Très bien et des fraises ? Elles sont en promotion ! 2, 99 euros le kilo.
Homme 2 : Ah oui ? 3 kilos de fraises alors.
Homme 1 : Et des légumes ? Nous avons les carottes et les pommes de terre en promotion cette semaine.
Homme 2 : Quel est le prix du kilo de carottes et de pommes de terre ?
Homme 1 : Alors les carottes sont à 3,89 euros le kilo et les pommes de terre à 2,79 euros le kilo.
Homme 2 : C'est parfait. Mettez 5 kilos de carottes et 7 kilos de pommes de terre.
Homme 1 : Voilà.
Homme 2 : Je vous dois combien?
Homme 1 : Alors, 60,93 euros en fruits et 38,98 euros pour les légumes, ça fait donc 99,91 euros.
Homme 2 : Très bien, tenez, merci.

Transcriptions

▶ **Leçon 3 – page 42**

Cette semaine, à l'occasion de la Saint-Valentin, vous voulez surprendre l'homme, la femme de votre vie ? Nous avons le cadeau idéal ! Avec la Boîte cadeau surprise, vous partez en week-end mais vous connaissez la destination seulement 48 heures avant votre départ. À partir de 200 euros par personne, vous offrez un billet d'avion et une ou 2 nuits d'hôtel à l'être aimé. Vous pouvez aussi offrir un week-end spa ou dans un hôtel original : cabane dans les arbres, roulotte dans la forêt. Surprenez vos proches avec ce cadeau à moins de 180 euros la nuit dans un endroit extraordinaire ! La Waynabox est le cadeau par excellence pour les amoureux ou les amis ! Rendez-vous sur notre site Internet www.boitecadeau-surprise.fr et découvrez toutes les offres.

UNITÉ 6

▶ **Leçon 1 – page 46**

Dialogue 1

Homme : Bonjour madame, j'ai une réservation au nom de la société Miréva.

Femme : Oui, effectivement. Une chambre pour une personne, pour deux nuits, avec petit-déjeuner. Au nom de monsieur Mariani. C'est ça ?

Homme : Oui, c'est ça.

Femme : Vous avez une pièce d'identité ?

Homme : Voilà.

Femme : Merci. Voici votre clé. Vous avez la chambre 208, au deuxième étage. Le petit-déjeuner est servi dans le salon, à côté de l'ascenseur, entre 7 heures et 9 heures.

Homme : Est-ce que la chambre a un balcon ?

Femme : Non, monsieur, seulement une fenêtre. Si vous voulez un balcon, j'ai une chambre disponible au 4e étage, la 425.

Homme : Merci, oui, je veux bien.

Femme : Eh bien voilà votre clé : chambre 425 au 4e étage. Bon séjour chez nous.

Homme : Encore merci.

Dialogue 2

Homme : Bonsoir mesdames. Bienvenue à l'hôtel du Parc.

Femme 1 : Bonsoir monsieur. Nous avons une réservation au nom de madame Jones et de madame Rihawa.

Homme : Oui, tout à fait. Votre réservation est pour 4 nuits, avec le petit-déjeuner et les repas du soir. Vos chambres sont côte à côte, au 5e étage. Madame Jones, votre chambre est la 512, et madame Rihawa, vous avez la 513.

Femme 2 : Avez-vous une connexion wifi ?

Homme : Bien sûr. Je vous imprime le code. Voilà.

Femme 1 : Est-ce qu'il est possible de commander un repas végétarien, le soir ?

Homme : Bien entendu, nous avons une grande variété de plats et des plats végétariens aussi.

Femme 1 : Je vous remercie.

Homme : Je vous en prie. Je vous souhaite un bon séjour, mesdames.

▶ **Leçon 2 – page 48**

Dialogue 1

Femme 1 : Excusez-moi, je cherche le parc des Expositions.

Femme 2 : Ce n'est pas très loin, moins de 10 minutes à pied. Alors vous prenez cette grande avenue, l'avenue de la Libération, sur la gauche. Vous continuez jusqu'au rond-point. Là, vous prenez la rue Voltaire à droite. Puis vous tournez dans la première rue à gauche, rue Pasteur. Et vous verrez le parc des Expositions sur votre droite.

Femme 1 : Merci beaucoup.

Dialogue 2

Homme : Pardon madame, je vais place Denfert-Rochereau. C'est loin d'ici ?

Femme : Ce n'est pas tout près. Mais vous êtes à vélo, donc pas de problème. Vous y êtes en 10 minutes.

Homme : Et c'est compliqué ?

Femme : Pas du tout. Vous prenez ce boulevard, toujours tout droit, jusqu'à la place Denfert-Rochereau.

Dialogue 3

Femme : J'ai rendez-vous à la Chambre de Commerce de Paris. Comment je fais pour aller là-bas ?

Homme : Eh bien vous pouvez aller à la Chambre de Commerce en métro ou en bus.

Femme : Je préfère prendre le métro. C'est plus sûr : il n'y a pas d'encombrement.

Homme : Alors, c'est simple. D'ici, vous prenez la ligne 7 en direction de La Courneuve jusqu'à la station Opéra. Vous changez à Opéra. Vous prenez la ligne 3 direction Pont de Levallois jusqu'à Porte de Champerret.

▶ **Leçon 3 – page 50**

Homme : Marie, pouvez-vous envoyer un mail à tout le personnel, s'il vous plaît ?

Femme : Bien sûr. Qu'est-ce que j'écris ?

Homme : Je voudrais communiquer la célébration d'un cocktail, à l'occasion de l'ouverture de notre magasin numéro vingt. La direction veut remercier tout le personnel pour son implication dans le développement de la marque. C'est l'occasion également de remettre à Roland Vicard une médaille pour son dévouement et sa fidélité à notre société.

Femme : Ah oui, monsieur Vicard, le directeur général… Il prend sa retraite prochainement, non ?

Homme : Oui, le mois prochain. La fête c'est un peu pour ça aussi.

Femme : Qui organise la fête ?

Homme : L'équipe de direction. Insistez sur la présence de tout le personnel. Et demandez de confirmer.

Femme : La fête a lieu quand et où ?

Homme : Le 30 juin. Dans un salon de l'hôtel Les Jardins du Marais, près de la place des Vosges. C'est un lieu très agréable et une occasion idéale pour faire connaissance avec les collègues venus de toutes les régions de France.

Femme : Parfait. Je rédige le mail et je vous le montre pour validation.

Homme : Je vous remercie.

UNITÉ 7

▶ **Leçon 1 – page 54**

– Olivier, excuse-moi, j'ai un service à te demander.

– Qu'est-ce je peux faire pour toi ?

– Je suis très pressé et très en retard. J'ai une réunion dans une heure et je dois préparer des documents. Tu peux imprimer le rapport d'activité, s'il te plaît, en 8 exemplaires ? Et tu peux photocopier ce document, en 12 exemplaires, en couleur et recto-verso ?

– Attends, attends, tu parles vite. Tu peux parler lentement et répéter, s'il te plaît ?

– Oui oui, pardon, je récapitule : tu imprimes le rapport d'activité en 8 exemplaires et tu photocopies ce document en 12 exemplaires, en couleur, recto-verso.

– Bien, j'ai compris. Je te prépare tout ça et je te l'apporte dans 10 minutes. Et calme-toi un peu, tu as le temps !
– Oui, tu as raison... excuse-moi. Et merci !

▶ **Leçon 2 – page 56**
– Tu as vu la note de service ?
– Non, où ?
– Sur le tableau d'affichage, à l'entrée.
– Ah non, je n'ai pas fait attention. Que dit la note ?
– C'est une note d'information de rappel : il y a un exercice d'évacuation d'incendie à 11 heures.
– C'est aujourd'hui ?
– Oui, ce matin.
– Oh la la, j'ai complètement oublié... J'ai une visio conférence à 11 heures et demie.
– Eh bien l'exercice est obligatoire. Tu dois annuler ta visio conférence. L'alarme d'incendie va sonner à 11 heures pile. Il faut évacuer tous les bâtiments et aller au point de rassemblement.
– Et quel est le point de rassemblement ?

▶ **Leçon 3 – page 58**
– Vous connaissez les chiffres de nos ventes ce mois-ci ?
– Oui, ils sont sortis ce matin.
– Et ils sont bons ?
– Oui, ils sont bons. En particulier, les chiffres de nos ventes en ligne. La vente en ligne est en hausse de 4 %. Le chiffre d'affaires de ces ventes est de 255 000 euros.
– Et le nombre de visiteurs est en hausse aussi, je suppose.
– Effectivement. En hausse de 12 %.
– Et la vente directe ?
– Bien aussi, mais légèrement en baisse, de 2 %. Le mois de février est toujours un mois un peu difficile pour nos produits.
– Quel chiffre d'affaires représentent les ventes directes ?
– Tous produits confondus, les ventes directes totalisent 1 775 000 euros. Le linge de maison est en tête ce mois-ci. L'augmentation dans la vente de ces produits est importante : + 12 %.
– Ah, c'est curieux. C'est vrai, la nouvelle collection est très belle et originale.
– Oui, c'est vrai. Et la campagne publicitaire donne des résultats !

UNITÉ 8

▶ **Leçon 1 – page 62**
Journaliste : Nous sommes avec les employés de SADECO qui sont aujourd'hui en journée team building. Mélanie, vous êtes directrice des ressources humaines chez Sadeco, pouvez-vous nous expliquer l'intérêt des journées team building ?
Mélanie : Bien sûr. Nous organisons régulièrement des journées team building pour renforcer la cohésion d'équipe, motiver nos employés mais c'est aussi une façon de récompenser les efforts fournis par tout le monde ces derniers mois.
Journaliste : Vous proposez quelles activités aujourd'hui ?
Mélanie : Alors aujourd'hui nous avons une activité sportive le matin et l'après-midi, c'est un peu plus tranquille, il y a une chasse au trésor connectée par équipe de 12 personnes.
Journaliste : Quelle est l'activité sportive proposée ?
Mélanie : C'est une course solidaire. Nos employés choisissent une distance à parcourir en relais et nous reversons une somme d'argent à une association « handicap International ».
Journaliste : Très bien et les équipes courent combien de kilomètres ?
Mélanie : Les équipes courent en moyenne 10 kilomètres mais certaines équipes vont jusqu'à 21 kilomètres.
Journaliste : Vos employés sont sportifs ! 21 kilomètres, c'est un semi-marathon !

Mélanie : Oui, certains employés sont très sportifs. Beaucoup de personnes font du sport dans l'entreprise, pendant les pauses déjeuner, des personnes font de la natation ou du yoga. D'autres font du football le week-end ou encore de l'escalade...
Journaliste : Et vous, Mélanie, vous faites du sport ?
Mélanie : Je fais du yoga deux fois par semaine, le mardi et le jeudi. C'est important pour moi.

▶ **Leçon 2 – page 64**
Femme : Aujourd'hui, notre entreprise organise un petit-déjeuner pour nos clients. C'est un moment important parce que nous lançons notre nouveau produit et nous allons présenter ce produit ce matin.
Homme : Le petit-déjeuner en entreprise, c'est une façon de réunir nos clients et de partager un moment convivial, original. Un déjeuner d'affaires ou un dîner, c'est classique et courant.
Femme : Nous proposons du café, du thé et du jus d'orange. Il y a aussi des fruits, des céréales, des pains au chocolat, des croissants et bien sûr des brioches.
Homme : Dans l'entreprise, en salle de pause, les employés peuvent prendre leur petit-déjeuner tous les matins. Il y a toujours du thé, du café, du jus d'orange, des fruits et des viennoiseries.
Femme : Oui, c'est essentiel pour nos employés de pouvoir prendre le petit-déjeuner au travail tous les matins. Certains employés n'ont pas le temps de prendre quelque chose avant d'arriver au travail.
Homme : Moi, par exemple, j'arrive au travail et je bois toujours un café et je mange un fruit avant d'entrer dans mon bureau.
Femme : Moi, je prends mon petit-déjeuner chez moi, du thé et des tartines mais parfois je n'ai pas le temps alors j'arrive au bureau, je prends une tasse de thé et un croissant.

▶ **Leçon 3 – page 66**
1. Écoutez et répondez.
Médecin : Bonjour monsieur Azarian, comment allez-vous ?
Homme : Eh bien, j'ai de la fièvre, j'ai mal à la tête et je suis très fatigué.
Médecin : Nous allons regarder ça. [...]
C'est la grippe ! Vous allez vous reposer et prendre des médicaments pendant une semaine.
Homme : Ah mince ! Mais je peux aller travailler ?
Médecin : Non, je vous fais un arrêt de travail d'une semaine. Et une ordonnance pour les médicaments.
Homme : D'accord.
Médecin : Sinon, vous n'avez pas de problèmes de santé ?
Homme : J'ai mal au genou et au dos.
Médecin : Vous faites du sport, vous courez ?
Homme : Oui, j'adore courir. Je participe à des semi-marathons mais avec mon genou et mon dos, je cours moins souvent.
Médecin : Nous allons faire des radios, c'est plus prudent.

Corrigés

UNITÉ 1

▶ Leçon 1

1. a. Francisco – DELAVEGA – Marié – 2 enfants (un fils et une fille) – **b.** Pauline – MURAILLE – Célibataire / Sébastien – BONNEAU – divorcé – **c.** Julien – MARTIN / Sandrine – KINNER – en couple – Un fils (Maxime) – **d.** Emilie – ACHIL / Emmanuel DRÉVILLON – En couple – Une fille

2. 1/c – 2/f – 3/e – 4/b – 5/d – 6/a

3. a. mariés / en couple – **b.** un fils – **c.** divorcée / enfant – **d.** célibataire – **e.** une fille

4. a. t'appelles / m'appelle – **b.** vous appelez / m'appelle – **c.** s'appelle / s'appelle

5. a. Il – il – **b.** Nous – **c.** Elles – **d.** Vous – **e.** Tu – **f.** Je – je

6. a. Vrai – **b.** Faux : ils ont un fils, Léo. – **c.** Faux : elle est célibataire – **d.** Vrai – **e.** Vrai – **f.** Faux : ils n'ont pas d'enfants – **g.** Faux : elle a deux enfants (un fils et une fille)

▶ Leçon 2

1. Marc : 53 ans / architecte / architecture@yahoo.com – Fatima : 31 ans / assistante de direction / 01-46-22-13-66 – Valérie : 43 ans / consultante / consult@gmail.com – Joseph : 37 ans / ingénieur / 06-65-15-29-16

2. a. Deux – **b.** Dix – **c.** Vingt et un – **d.** Trente-cinq – **e.** Soixante-huit – **f.** Quarante-six

3. a. Elle est journaliste – **b.** Il est avocat – **c.** Il est policier – **d.** Il est architecte

4. Horizontalement : Professeur – Directeur – Journaliste – Consultant – Employé – Conseiller – Assistant – **Verticalement** : Architecte – Hôtesse – Vendeur – Médecin – Comptable

5. Professeur / Professeure – Directeur / Directrice – Journaliste / Journaliste – Consultant / Consultante – Employé / Employée – Conseiller / Conseillère – Assistant / Assistante – Hôtesse (de l'air) / Steward – Vendeur / Vendeuse – Médecin / Médecin – Comptable / Comptable

6. a. je suis / j'ai – **b.** Il a / il est – **c.** Nous sommes – **d.** Vous avez / vous êtes – **e.** Ils sont – **f.** Elle a / elle est – **g.** Tu as – **h.** Elles ont / elles sont

7. a. Faux : Le mail de Maria est Maria_perez@Mondial.net (maria underscore perez arobase Mondial point net) – **b.** Faux : Thomas est consultant. – **c.** Faux : Cécile Jones est conseillère clientèle. – **d.** Vrai – **e.** Vrai

8. a. Thomas Hardy est consultant. – **b.** Maria Perez est agent de voyage. – **c.** Cécile Jones est conseillère clientèle. – **d.** Vincent Guinebretière est chef de projet. – **e.** Le numéro de téléphone de Maria est le zéro un, vingt-sept, trente-deux, quarante-neuf, onze.

▶ Leçon 3

1. Situation a : a. Technicien – **b.** Canadien – **c.** anglais / français / allemand
Situation b : a. Polonaise – **b.** Hôtesse de l'air – **c.** japonais
Situation c : a. Américaine – **b.** Directrice – **c.** anglais / italien / français / espagnol
Situation d : a. Japonaise – **b.** italien / espagnol – **c.** Traductrice

2. Horizontalement : A. Nationalité – B. Entreprise – C. Suisse – D. Commercial – **Verticalement** : 1. Langue – 2. Profession – 3. Âge

3. Prénom – Profession – Ans – Langues – anglais – Nationalité – Suisse – Numéro de téléphone

4. a. Suisse – **b.** Chinois – **c.** Anglaise – **d.** Belge

5. a. Non, je ne parle pas allemand. – **b.** Non, je ne travaille pas pour Michelin. / Nous ne travaillons pas pour Michelin. – **c.** Non, il n'est pas espagnol. – **d.** Non, elle n'a pas 31 ans.

6. a. est – **b.** parlent – **c.** avons – **d.** es – **e.** travaillez

7. Mathieu : b - e - g - h – Maryline : a - c - d - g - i – Sylvain : f - j – Valérie : d - g

9. b. ai : anglais – **c.** ei : treize – **d.** è : conseillère

10. a. célibataire – **b.** faites – **c.** êtes / conseillère / portugaise – **d.** anglaise / français

▶ Test

1. a. Nous – **b.** Ils – **c.** Je – **d.** Vous – **e.** Elle – **f.** Vous – **g.** Ils – **h.** Tu

2. a. Ils ne sont pas en couple. – **b.** Elle ne s'appelle pas Mélanie. – **c.** Nous ne parlons pas espagnol. – **d.** Vous n'avez pas 33 ans.

3. a. parlez – **b.** sont – **c.** t'appelles – **d.** travaille

4. a. Elle est Mexicaine. – **b.** Elle est directrice. – **c.** Elle est Belge. – **d.** Elle est vendeuse.

5. a. vendeur – **b.** architecte – **c.** directeur – **d.** consultant

6. a. m'appelle – **b.** Canadienne – **c.** suis – **d.** consultante – **e.** mariée – **f.** deux – **g.** une fille – **h.** français

UNITÉ 2

▶ Leçon 1

1. a. directeur – **b.** secteur audiovisuel – **c.** électronique, grande distribution, immobilier, automobile, banque – **d.** la photographie et la vidéo publicitaire

2. a. entreprise – **b.** ingénieur – **c.** l'agriculture

3. a. le commerce – **b.** les transports / la logistique – **c.** l'électronique / l'électricité – **d.** le btp – **e.** l'informatique / les télécommunications

4. a. Je vous présente Stéphanie. C'est la directrice des ressources humaines. – **b.** Voici Pascal, il est journaliste. C'est le nouveau webmaster. – **c.** – Qui est-elle ? – C'est Élodie. Elle est responsable du service achats. – **d.** Voici mes collègues : Oscar, c'est le chef de service, et Patricia, elle est contrôleuse de gestion.

5. a. clients – **b.** machines – énergies – gaz – **c.** travaux – **d.** voitures – prix

6. a. C'est Stéphane Levallois. – **b.** Il est chef / cuisinier. – **c.** Ils sont cinq : quatre adjoints et lui. – **d.** Il travaille dans un petit restaurant, *La côte gourmande*. – **e.** Il a une formation de cuisinier et de pâtissier.

7. a. C'est la directrice commerciale. – **b.** Quatre personnes. – **c.** Hervé Quilès. – **d.** Elle est assistante comptable. – **e.** William Grange, Marc Douvert et Émilie Bauer. – **f.** Trois.

8.

```
Société LEGRAND
Élizabeth Ouardi
Responsable Qualité
```

```
Société LEGRAND
William GRANGE
Comptable
```

```
Société LEGRAND
Françoise MANIER
Directrice administrative
```

```
Société LEGRAND
Denise LAMBERTIN
Directrice commerciale
```

▶ Leçon 2

1. a. C'est le nouveau responsable marketing. C'est la responsable des ressources humaines. – **b.** La carte d'employé. – **c.** La copie du contrat de travail, le règlement intérieur et un formulaire à remplir. – **d.** Elle donne accès aux installations de l'entreprise, au parking, au restaurant d'entreprise et aux services médicaux. – **e.** La photo et le RIB.

2. – Bonjour. Je m'appelle Sylvie, et je travaille au service des ressources humaines. Bienvenue dans notre entreprise. Voilà une copie de votre **contrat** de travail : c'est un CDD. – Qu'est-ce que ça veut dire « CDD » ? – Ça signifie « contrat à durée **déterminée** ». Pouvez-vous remplir ce **formulaire** s'il vous plaît ? C'est pour l'**assurance**. – Bien sûr. Qu'est-ce que j'écris ici ? – Ici, vous écrivez vos **coordonnées** : le nom, le prénom, l'adresse, etc. Ce sont des **renseignements** indispensables. – Et ici ? – Ici les noms et prénoms de vos ayants **droit**. – Je ne comprends pas. – Ce sont votre conjoint, et les enfants **à charge**. Attention, vous devez écrire en lettres **capitales**. – Voilà, c'est fait. – Merci. Ah, attendez, vous avez oublié la **signature**!

3. a. une jupe – **b.** un pantalon – **c.** un pull – **d.** des chaussures – **e.** une robe – **f.** une chemise – **g.** une veste – **h.** une cravate

4. a. robe / jupe / veste / chemise – pantalon / pull / tailleur – **b.** costume / pantalon – chaussures – **c.** jean / tee-shirt – baskets – **d.** baskets / tee-shirt / jean – costume

5. a. costumes bleus – **b.** grandes filles – **c.** longues journées – **d.** nouvelles jupes – **e.** beaux pantalons – belles chemises

▶ Leçon 3

1. a/4 – b/3 – c/1 – d/2

2. a. logiciel – **b.** service – **c.** accès – mot de passe – **d.** adresse e-mail – **e.** portable – **f.** règles de sécurité – identifiant

3. a/5 – b/1 – c/4 – d/2 – e/3

4. a. Vous êtes Bastien Legrand ? – **b.** Est-ce que vous parlez anglais ? – **c.** Voulez-vous un café ? – **d.** Combien de personnes travaillent avec vous ? – **e.** Comment allez-vous ? – **f.** Où habitez-vous ?

5. a. L'article parle du stress au travail. – **b.** Les conséquences sont une augmentation de l'absentéisme, des accidents du travail, une démotivation, une baisse de créativité et de productivité, et une dégradation du climat social. – **c.** l'absentéisme – **d.** la créativité et la productivité – **e.** l'excès de travail – **f.** oui

6.

De : Éric Mongeot
À : responsableservice@entreprise88.fr
Objet : problème au bureau

Monsieur,
Je vous écris pour vous communiquer un problème. Je souffre de stress au bureau. Je suis stressé tous les jours. Mon stress augmente tous les jours avec la charge de travail, et je remarque que je suis inefficace au bureau. Je constate aussi que je suis très démotivé et les relations avec mes collègues ne sont pas bonnes.
Merci de prendre en compte ma situation,
Cordialement,
E. Mongeot

7. a. Il s'appelle Dominique ? (↗) **b.** Est-ce que les règles de sécurité sont respectées ? (→) **c.** Travaillez-vous dans l'audiovisuel ? (↗) **d.** Est-ce qu'elle parle trois langues étrangères? (→)

▶ Test

1. Secteurs d'activité : électricité – transport – commerce – btp – informatique – énergie – communication – **Professions :** comptable – directeur – ingénieur – webmaster – secrétaire – consultant

2. a. Ces travaux sont fatigants et difficiles. – **b.** C'est les nouveaux directeurs des usines. – **c.** Quels sont les prix des articles ? – **d.** Vous avez des journaux économiques allemands ? – **e.** C'est des zones avec des entreprises de transports internationaux.

3. a. les coordonnées personnelles – **b.** un contrat de travail – **c.** une mutuelle santé – **d.** un formulaire de renseignements – **e.** un ayant droit – **f.** en lettres capitales

4. a. Elle porte un pantalon noir et une chemise bleue. – **b.** Elle porte une robe longue et des chaussures à talons. – **c.** Elle porte un short et un tee-shirt. – **d.** Elle porte un jeans et des baskets.

5. a. Comment allez-vous ? – **b.** Qui est l'homme avec la chemise bleue et le pantalon noir? – **c.** Où habitez-vous ? – **d.** Où est le bureau de la responsable marketing? – **e.** Vous travaillez au service informatique ? – **f.** Est-ce que vous travaillez le samedi?

6. a. adresse e-mail – **b.** logiciel – **c.** portable – **d.** passe – **e.** sécurité

Corrigés

UNITÉ 3

▶ **Leçon 1**

1. a. Un homme et une femme / un agent immobilier et un client – **b.** entrée – cuisine américaine – salon – chambre – bureau – salle de bain – couloir – toilettes – **c.** c'est une cuisine américaine, ouverte sur le salon. – **d.** les chambres – **e.** au bout du couloir – **f.** les toilettes

2.

Entrée	Petite chambre ou bureau	Chambre	Les toilettes
	Couloir		
	Cuisine américaine / Salon		Salle de bain

3. a. une cuisine – **b.** des toilettes – **c.** un couloir – **d.** un salon
4. a. la salle de reproduction – **b.** un open space / un bureau paysager – **c.** l'accueil – **d.** une visioconférence.
5. a. sous – **b.** sur – **c.** à côté du / près du – **d.** entre
6. a. second – **b.** septième – **c.** quatrième – **d.** deuxième – **e.** neuvième – **f.** quinzième
7. a. le – **b.** une – **c.** la- la – **d.** des – **e.** un – **f.** les – l'
8. a. Vrai – **b.** Faux – **c.** Faux – **d.** Faux – **e.** Vrai – **f.** Faux – **g.** Vrai – **h.** Faux

▶ **Leçon 2**

1. a. Un journaliste et deux employés (Daphné et Grégory) – **b.** dans l'open space de leur entreprise – **c.** l'open space – la salle de pause – le restaurant de l'entreprise – **d.** Il y a 35 tables et chaises dans l'open space / Sur chaque table, il y a un téléphone. – **e.** des feutres – des dossiers – un bloc – **f.** au bout du couloir – **g.** des fauteuils – des tables – des chaises – **h.** un micro-ondes / une machine à café – **i.** Il y a un restaurant d'entreprise au rez-de-chaussée / Il y a des cafés et restaurants dans le quartier / Les employés peuvent apporter leur repas et déjeuner en salle de pause.
2. 1 : a / b / c / h / i – 2 : e / j – 3 : a / f / i – 4 : d / g
3. 1/ Clavier – 2/ Feutres – 3/ Bloc – 4/ Lampe – 5/ Bureau – 6/ Souris – 7/ Écran – 8/ Dossier – 9/ Crayon
4. a. journaliste / coworking – **b.** colocation – **c.** bloggeur – **d.** conviviale – **e.** se retrouver / stimulant
5. a. lui – **b.** Tu – **c.** Nous – nous – **d.** elles – **e.** elle – **f.** lui – elle
6. a. de leur espace de coworking – **b.** pour travailler dans une ambiance calme et sympa et ne pas travailler de chez lui. – **c.** 10 tables – **d.** très sympas – **e.** Dans le 10ème arrondissement de Paris. Des réunions et des conférences.

▶ **Leçon 3**

1. a. du télétravail – **b.** 1er homme : Il adore le télétravail / Il est efficace et il gagne du temps / aime – télétravail – transports – au bureau – 1ère femme : Travailler dans son entreprise / Faire du sport / Parce qu'il y a des équipements pour faire du sport dans l'entreprise / salle de pause – adore – mes collègues / Parce qu'elle aime travailler en équipe. – 2ème homme : Architecte / Dans un espace de coworking / Parce qu'il partage son espace de travail avec des professions différentes / adore – travailler – moi – enfants. – 2ème femme : journaliste / Elle adore le télétravail / Elle évite les déplacements – Elle choisit ses horaires – Elle peut faire des pauses pour s'occuper de ses enfants / aime – aller – mes collègues – eux.
2. a. adore – **b.** n'aime pas – **c.** aime – **d.** déteste
3. a. préfèrent – **b.** n'aime pas – **c.** détestons – **d.** préférez
4. a/3 – b/1 – c/4 – d/2
5. a. Vrai – **b.** Vrai – **c.** Vrai – **d.** Faux – **e.** Vrai
7. a. un code d'accès – **b.** un mot de passe confidentiel – **c.** les règles pour la sécurité – **d.** un téléphone portable – **e.** une adresse électronique

▶ **Test**

1. a. la – **b.** une – **c.** un – **d.** des
2. a. troisième – **b.** salle de pause – **c.** déjeuner – **d.** étage – **e.** réunions – **f.** en face de – **g.** petite – **h.** bureaux
3. a. elles – **b.** Moi – **c.** lui – **d.** eux
4. a/4 – b/2 – c/3 – d/1
5. a. adorons – **b.** préférez – **c.** aiment – **d.** préfères – **e.** déteste – **f.** adore

UNITÉ 4

▶ **Leçon 1**

1. La réunion : le 20/09 – La visite de la délégation allemande : le 22/09 – L'assemblée générale : le 23/10 – Les 25 ans de l'entreprise : le 28/11 – La date de la fondation de l'entreprise : le 30/11/92
2. 1/b – 2/e – 3/a – 4/f – 5/c – 6/d
3. – Tu es libre *en fin de matinée* à 11 heures ? – Non, désolée, j'ai un rendez-vous *aujourd'hui*. Mais je suis libre l'*après-midi*. – Ah, non, c'est moi qui ne suis pas libre. Je vais chez le dentiste à 14 heures. Et *demain* ? – Oui, je crois que c'est possible. *À quelle heure* ? – À 20 heures, ça te va ? – Ah non, *le soir* je sors avec des collègues. Mais à 17 heures je suis libre. – Bon, d'accord…
4. a. L'inauguration du magasin est le 13 septembre. – **b.** Les vacances commencent le 22 décembre. – **c.** La réunion a lieu le 7 octobre. – **d.** J'ai un rendez-vous chez le médecin le 31 mai. – **e.** Le départ à la retraite de monsieur Henri est le 10 février.
5. a. L'été – **b.** L'hiver – **c.** Le printemps – **d.** L'automne
6. a. cet homme – **b.** ces personnes – **c.** cette semaine – **d.** cet hôtel – **e.** ces papiers
7. a. J'aime beaucoup ce film. – **b.** Vous connaissez cette histoire ? – **c.** Cet homme est très célèbre. – **d.** Est-ce que ces livres sont à toi ?
8. a. au printemps – **b.** l'hiver – **c.** le soir – **d.** le matin – **e.** Vrai – **f.** Faux – **g.** Faux – **h.** Faux

▶ **Leçon 2**

1. a. À 8 heures – **b.** À 6 heures et demie – **c.** De 14 heures à 15 heures 30 – **d.** À 21 heures – **e.** À 8 heures du soir – **f.** À 22 heures – **g.** Non

2. **a.** Il est onze heures moins dix – **b.** Il est midi et quart. – **c.** Il est trois heures moins cinq. – **d.** Il est neuf heures moins quart. – **e.** Il est cinq heures cinq.

3. **a.** avez – **b.** Il – **c.** dix – **d.** quinze – **e.** midi

4. **b**

5. **a.** vais – **b.** allez – **c.** voulez – **d.** vas

6. Propositions : **a.** Non, je ne peux pas. J'ai une réunion importante. – **b.** Oui, et elles ne veulent pas. – **c.** Non, je dois accompagner un client à l'aéroport. – **d.** Non, vous devez prendre le vol de 9 heures 55. – **e.** Non, elle ne veut pas, mais elle doit travailler avec l'équipe allemande.

7. **a.** À cinq heures et demie – **b.** À neuf heures moins dix du soir – **c.** Il déjeune – **d.** Il est dans son bureau et travaille sur son ordinateur – **e.** À onze heures vingt-cinq – **f.** Non, il termine son café et retourne au rayon.

▶ **Leçon 3**

1.

	Dialogue 1	Dialogue 2	Dialogue 3
Motif du rendez-vous	Présenter les nouveaux équipements informatiques	Rendez-vous médical (consultation)	Parler d'une importante commande
Date et heure demandées	Demain matin	Mardi après-midi de la semaine prochaine	Aujourd'hui ou demain matin
La personne est disponible à la date demandée ?	Oui	Non, il est en visite à l'hôpital	Non
Jour et heure du rendez-vous définitif	7 décembre à 10 heures	Mercredi 14 juin à 16h15	La semaine prochaine, jeudi 12 ou vendredi 13

2. – Bonjour madame. Je voudrais un **rendez-vous** avec le docteur Malik. – Quand êtes-vous **disponible** monsieur ? – Demain ou après-demain, ça m'est égal. – Attendez un instant. Je vais **vérifier** son agenda. Ah, je suis **désolée** le docteur est en **déplacement** mardi et mercredi, il n'est pas **libre**. Mais vous pouvez venir jeudi matin, c'est **possible** pour vous ? – Non, jeudi matin j'ai un **empêchement**, mais je peux l'après-midi. – Très bien, jeudi après-midi alors. Nous pouvons **fixer** le rendez-vous à 16 heures ? – C'est parfait. Vous pouvez me le **confirmer** par sms, s'il vous plaît ? – Bien sûr monsieur. À jeudi alors.

3. **a.** Cherche un hôtel pas cher ! – **b.** Allez chez le médecin ! – **c.** Rédige ton CV ! – **d.** Louez un appartement ! – **e.** Réserve un restaurant ! – **f.** Demandez un prêt à la banque !

4. **a.** Va au cinéma ! – **b.** Préparez votre rendez-vous ! – **c.** Réserve un taxi ! – **d.** Organise ton déplacement ! –

e. Téléphone au directeur !

5. **a.** Il est à l'aéroport. – **b.** À 14 heures. – **c.** Il est bloqué à l'aéroport. – **d.** Éric et Stéphane. – **e.** 15 heures. – **f.** Elle doit envoyer un sms à monsieur Haltman et confirmer l'heure définitive de la réunion.

6.

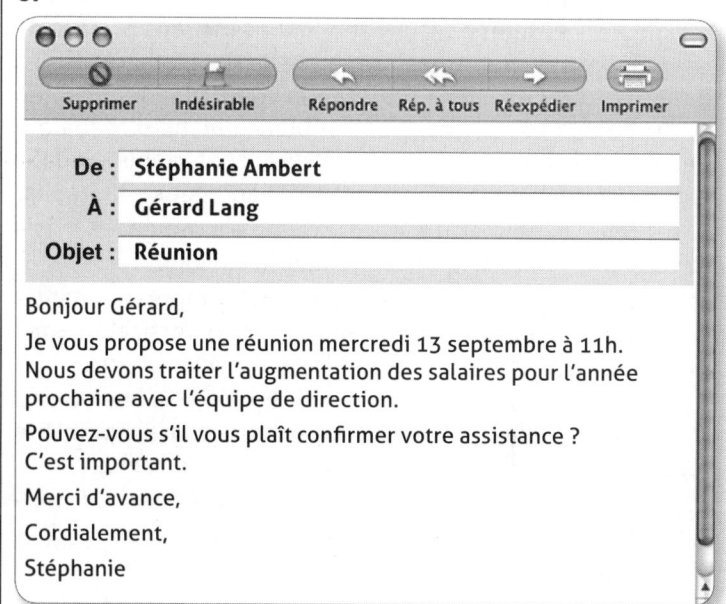

De :	Stéphanie Ambert
À :	Gérard Lang
Objet :	Réunion

Bonjour Gérard,

Je vous propose une réunion mercredi 13 septembre à 11h. Nous devons traiter l'augmentation des salaires pour l'année prochaine avec l'équipe de direction.

Pouvez-vous s'il vous plaît confirmer votre assistance ? C'est important.

Merci d'avance,

Cordialement,

Stéphanie

▶ **Test**

1. **a.** veut – **b.** devez – **c.** pouvons – voulez – **d.** dois – **e.** doivent – **f.** peuvent

2.

```
06h00 : ..........                    14h00 : ..........
06h30 : ..........                    14h30 : ..........
07h00 : ..........                    15h00 : 15h15 Usine de Colmar
07h30 : Aéroport chercher un client            (+ client canadien)
         canadien                     15h30 : ..........
08h00 : Arrivée au bureau             16h00 : ..........
08h30 : Petit déjeuner                16h30 : ..........
09h00 : 9h15 réunion avec le service  17h00 : ..........
         marketing                    17h30 : ..........
09h30 : ..........                    18h00 : Retour au bureau :
10h00 : ..........                             RDV fournisseur italien
10h30 : ..........                    18h30 : ..........
11h00 : 11h20 : visioconférence       19h00 : ..........
         avec le siège de Dublin      19h30 : ..........
11h30 : ..........                    20h00 : Dîner en famille
12h00 : ..........                    20h30 : ..........
12h30 : ..........                    21h00 : ..........
13h00 : Déjeuner avec client canadien
13h30 : ..........
```

3. Pierre, vous pouvez venir avec moi demain ? Si vous voulez, allez voir votre directeur et demandez une journée de libre. Vous devez vous reposer un peu. Vous allez à cette maison de campagne, et vous pouvez pratiquer du sport. Vous devez oublier le téléphone et les e-mails, si vous ne voulez pas être malade.

4. 1/c – 2/b – 3/a – 4/e – 5/d

Corrigés

UNITÉ 5

▶ Leçon 1

1. a/1 – b/2 – c/4 – d/3

2. Produit a : a. une voiture **b.** nouvelle – électrique **c.** ce produit a un prix compétitif – ce produit a une puissance maximale. – **Produit b : a.** un robot multifonctions **b.** joli **c.** de devenir un vrai chef – de cuisiner des petits plats très variés **d.** petits – réel – facile – utiliser – **Produit c : a.** un pantalon **b.** printemps-été **c.** gris – noir – bleu – blanc **d.** habillé – décontracté – **Produit d : a.** un canapé **b.** confortable – idéal – grand **c.** agréable **d.** variés **e.** petit **f.** avantageux – fauteuils.

3. a. bleu – **b.** noir – **c.** rose – **d.** orange – **e.** rouge – **f.** gris – **g.** vert – **h.** violet – **i.** marron – **j.** blanc – **k.** jaune

4. Horizontalement : élégant – efficace – impressionnant – compact – fin – petit – vaste – lumineux – **Verticalement :** pratique – agréable – nouveau – léger – moderne – bon

5. a. une vieille tablette – **b.** un petit bureau – **c.** une voiture rapide – **d.** une jolie robe – **e.** un nouvel objet – **f.** une imprimante légère – **g.** une salle lumineuse – **h.** une courte distance

6. a. 1/a – 2/d – 3/b – 4/c – **b.** 1. Faux – 2. Faux – 3. Faux – **c.** 1. ultra performant / efficace / rapide – 2. parce qu'il existe en version multivitaminée – 3. pour des petits bureaux – 4. moderne et joli – 5. pour le printemps ou pour l'été – 6. aller sur le site web

▶ Leçon 2

1. a. un vendeur et un client – **b.** des oranges – des bananes – des pommes – des fraises – **c.** les fraises – **d.** 2,99 euros – **e.** des carottes – des pommes de terre – **f.** 3,89 euros – **g.** 7 kilos – **h.** 99,91 euros

2. a. des fruits – **b.** des légumes – **c.** du chocolat – **d.** une livraison – **e.** du sucre – **f.** un colis – **g.** un sms – **h.** un code barre

3. a/3 – b/1 – c/2 – d/1

4. a. L'ordinateur coûte neuf cent un euros quatre-vingt-sept. – **b.** Les fruits et légumes coûtent quarante-huit euros et un centime. – **c.** Le prix de la voiture est de dix-huit mille neuf cent cinquante-neuf euros. – **d.** Le kilo de haricots verts coûte 2 euros quatre-vingt-quatre.

5. a. des – des – **b.** beaucoup – **c.** les tomates – les fraises – **d.** beaucoup / trop – **e.** de la – paquet – **f.** peu – du

6. a. service de livraison urgent pour produits ou courriers. – **b.** Livraison express vient chercher les produits dans les bureaux. – **c.** En 24 heures. – **d.** Avant 11 h. – **e.** 1.Vrai : Tous nos produits ont un code barre qui permet de suivre les produits. 2. Vrai : Nous vous conseillons en matière de réglementation pour vos produits. 3. Faux : Selon le pays de destination, le chocolat, les fruits et légumes...exigent une réglementation particulière.

▶ Leçon 3

1. a. Une boîte cadeau surprise – **b.** votre femme – **c.** 48 heures – **d.** 200 euros – **e.** une cabane dans les arbres / une roulotte dans la forêt – **f.** 180 euros – **g.** les amoureux et les amis –

h. Aller sur le site internet www.boitecadeau-surprise.fr

2. 1/f – 2/c – 3/b – 4/d – 5/e – 6/a

3. Horizontalement : 1. publicité – 2. site – 3. marque – **Verticalement :** a. partager – b. abonné – c. impact – d. réseau – e. tweet

4. 1 : c-d – **2 :** e-f – **3 :** a – **4 :** b

5. a. Quel est le réseau social par excellence ? – **b.** Quel est le prix de ce bouquet ? – **c.** Quels réseaux sociaux utilisent beaucoup les jeunes ? – **d.** Pour quelles occasions Aquarelle livre des bouquets ?

6. a. Le personnel est rigoureux, disponible et de confiance. – **b.** 500 – **c.** Le vélo, la moto, la voiture ou le camion – **d.** attractifs – **e.** Découvrir les offres et demander un devis

8. a. dix (X ne se prononce pas) – **b.** huit (T ne se prononce pas) – **c.** cinq (Q se prononce) – **d.** six (X ne se prononce pas) – **e.** huit (T se prononce) – **f.** six (X se prononce)

▶ Test

1. a. nouvel – **b.** petite – **c.** beau – **d.** blanche – **e.** multivitaminé – **f.** petite

2. a. soixante-cinq – **b.** vingt – **c.** cent quatre-vingt-seize – **d.** cinquante

3. a. peu – **b.** beaucoup – **c.** des – **d.** de l'

4. colis – livraisons – code barre – temps – site – destinataires

5. a. publicité – **b.** campagnes – **c.** membres – **d.** impact – **e.** utilisateurs

UNITÉ 6

▶ Leçon 1

1.

	Dialogue 1	Dialogue 2
Qui est / sont le(s) client(s) ?	Monsieur Mariani, de la société Miréva	Madame Jones et madame Rihawa
Nombre de nuits	2	4
Nombre de chambres	1	2
Type de réservation (nuit seulement, avec petit-déjeuner et / ou repas de midi / du soir)	Nuit et petit-déjeuner	Nuit, petit-déjeuner et repas du soir
Numéro(s) de chambre(s) et étage	425	512 et 513
Demandes particulières	Une chambre avec un balcon	Une connexion wifi et un repas du soir végétarien

2. a. une chambre double – **b.** une pièce d'identité – **c.** un petit-déjeuner – **d.** une taxe de séjour – **e.** une connexion wifi – **f.** le repas du soir – **g.** un lit simple – **h.** un service payant

3. a. confortable – **b.** chambre – **c.** réservation – **d.** inclus – **e.** choisir

4. a. choisir – **b.** une connexion – **c.** un étage – **d.** une réservation

5. a. Nous aimerions / Nous voudrions régler par carte. –

b. Je voudrais / J'aimerais une chambre avec un balcon. – **c.** Nous voudrions / Nous aimerions le code wifi. – **d.** Je voudrais / J'aimerais un reçu.
6. a. nous choisissons – **b.** vous finissez – **c.** tu réagis – **d.** elles réfléchissent – **e.** je choisis
7. a. Ton / Votre séjour s'est bien passé ? – **b.** Je suis content de ma / notre chambre : elle est très confortable. – **c.** Avez-vous réservé vos chambres dans le même hôtel ? – **d.** Il y a une erreur sur notre facture ; nous allons réclamer. – **e.** Tu es satisfait de ton hôtel ? Tes repas sont bons ?
8. a. l'hôtel du Parc – **b.** confirmation – **c.** Monsieur Christophe Simon – **d.** 3 nuits – **e.** Une chambre double pour deux personnes – **f.** En Belgique
9.

De :
À : Lefèvre Yvan
Objet : Votre réservation

Monsieur Lefèvre,
Nous vous confirmons votre confirmation à l'hôtel du Parc pour deux nuits, du 17 au 19 mars 2018, avec le petit-déjeuner inclus. C'est une chambre simple, pour une personne, au nom de monsieur Yvan Lefèvre. Le prix total de la réservation est de 138,00 euros.
Votre code de réservation est : GF01969
Bien cordialement,

▶ **Leçon 2**

1. a. 1 : près – 2 : loin – 3 : loin – **b.** 10 minutes à pied – **c.** non – **d.** le métro et le bus
2.

	A	B	C	D	E	F
1		C				
2	B	O	U	T		
3		I		O		
4		N		U		
5				R		
6	P	R	E	N	E	Z
7		U		E		
8		E		Z		

3.

2 🛞🛞	4 🛞🛞🛞🛞 ou plus	🛞
a. en voiture – **d.** en taxi – **g.** à vélo	**f.** en bus – **h.** en avion	**b.** en bateau – **c.** à pied – **d.** en train – **e.** en métro

4. a. station – **b.** correspondance – **c.** boulevard – place – droite – **d.** direction – rond-point – **e.** continuer – prendre
5. a. Vous allez à la piscine ? – Non, nous allons au cinéma. – **b.** Tu vas au restaurant ? – Oui, je vais à la pizzeria. – **c.** Ils vont au bureau ? – Non, ils vont aux entrepôts. – **d.** Nous allons aux sports d'hiver ? – Non, nous allons à la plage.
6. a. Ce document parle du Vélib' et de l'Autolib'. – **b.** Ce sont des moyens de transport écologiques pour se déplacer dans la ville. – **c.** À Paris. – **d.** On peut louer ces véhicules pour quelques minutes ou pour quelques heures. – **e.** Ce sont des moyens de transport chers : Non – pratiques : Oui – populaires : Oui – sûrs : Non
7. a. En avion. – **b.** Pour la compagnie Air frontières. – **c.** La destination de la promotion est Paris. – **d.** Du 8 au 12 février 2017. – **e.** 160 €. – **f.** À l'occasion de la Saint Valentin.
8. a. Pour aller à la rue Pierre Charron, tu vas tout droit jusqu'à l'avenue des Champs-Élysées, tu prends à gauche, et la deuxième rue à droite. – **b.** La rue Galilée, c'est simple : tu vas tout droit jusqu'à l'avenue des Champs-Élysées, tu tournes à droite, et tu prends la troisième rue à gauche. – **c.** La rue Beaujon ? Tu vas tout droit jusqu'à l'avenue des Champs-Élysées, tu tournes a droite, puis tu prends la deuxième rue à droite, c'est la rue Balzac, après tu continues tout droit jusqu'à l'avenue de Friedland, tu la traverses, et tu continues en face, et la première rue perpendiculaire c'est la rue Beaujon. – **d.** Tu dois aller à la rue du Colisée : tu vas tout droit jusqu'à l'avenue des Champs-Élysées, tu tournes à gauche, puis tu prends la deuxième rue à gauche.

▶ **Leçon 3**

1. a. Marie doit écrire le courrier électronique. – **b.** Tout le personnel. – **c.** La célébration d'un cocktail à l'occasion de l'ouverture du magasin numéro 20, et la remise d'une médaille à Roland Vicard. – **d.** C'est le directeur général. – **e.** Le 30 juin. – **f.** Dans un salon de l'hôtel Les Jardins du Marais. – **g.** Sur la présence de tout le personnel.
2. a. une occasion spéciale – **b.** présence souhaitée – **c.** confirmer sa présence – **d.** organiser un cocktail – **e.** être ravi d'assister – **f.** remercier le personnel – **g.** faire connaissance – **h.** fêter un anniversaire
3. Le **18** novembre, nous **célébrons** les 50 ans de notre société ! C'est une **occasion** unique pour nous réunir autour d'un **cocktail** et pour partager un moment ensemble. La société souhaite **remercier** tout son personnel pour son travail et sa **fidélité**. Merci de bien vouloir confirmer votre **assistance** avant le 15 novembre **auprès** de Stéphanie Santos (ssantos@societeFloart.fr)
4. a. Elle vient des États-Unis. – **b.** Vous venez de Roumanie ? – **c.** Elles viennent du Portugal. – **d.** Tu viens d'Argentine ? – **e.** Je viens des Pays-Bas. – **f.** Nous venons du Sénégal.
5. Propositions : a. Elles arrivent du Maroc. – **b.** Nos collègues viennent d'Autriche. – **c.** Vous êtes Français ? – Non, je viens des États-Unis. – **d.** Ils ne parlent pas français, ils viennent de Chine.
6. a. C'est la clôture de l'exercice comptable. – **b.** Faire des courses – Dîner Albin et Romane (à la maison) – Piscine –

quatre-vingt-trois | 83

Corrigés

Réunion à l'école de Lucas – Anniversaire Emilie MacDo. – **c.** Jeudi à 8 heures et demie. – **d.** Un collègue de Rome. – **e.** Il doit envoyer le bilan trimestriel.

7. Christophe, nous avons un rendez-vous à deux heures et demie. Ah, et tu dois téléphoner à Philippe, le fournisseur. Réunion à 4h15 (département commercial)

8. **a.** Vous_êtes les_amis de Sandra ? – **b.** Vous_avez des_objectifs pour les_ années_ à venir. – **c.** Elle vient_ en _Italie avec un_ami. – **d.** Quand_elle arrive ? – Dans_une heure. – **e.** C'est_un hôtel très_agréable et original.

▶ Test

1. **a.** réservation – **b.** pièce d'identité – **c.** double – **d.** connexion wifi – **e.** compris – payant – **f.** de séjour

2. **a.** choisissez – **b.** finis – **c.** réagissez – **d.** finissez – **e.** réfléchissons

3. Madame, Je vous confirme la **réservation** d'une **chambre** double pour deux personnes, pour la période du 12 au 14 juin, soit deux **nuits**. Le **petit-déjeuner** est inclus, et il est servi entre 7h00 et 9h00. Vous avez la chambre 521, située au 5ème **étage** mais ne vous inquiétez pas, l'hôtel a un **ascenseur**. Le **prix** total est de 178,00 euros. Vous pouvez **payer / régler** par carte ou en espèces, à votre arrivée. Toute l'équipe de l'hôtel Sirana vous souhaite un excellent **séjour** chez nous.

4. e – a – d – f – b – c

5. **a.** ton / votre – **b.** mon – ma – **c.** notre – votre – **d.** ton / votre – mon – **e.** notre – nos

6. **a.** à droite – **b.** prenez – **c.** tourner – **d.** loin – **e.** bout – prends – **f.** correspondance

7. **a.** Vous préférez aller **au** théâtre ou **à la** fête d'inauguration ? – **b.** Tu viens **d'**Angleterre ou **des** États-Unis ? – **c.** Ils vont en vacances **au** Portugal ou **en** Espagne ? – **d.** Nous travaillons **au** bureau et **à la** maison. – **e.** Je vais vendre mes produits **en** Argentine, **au** Chili, **en** Équateur et **au** Brésil. – **f.** Elles viennent **des** îles Canaries, et partent demain **aux** îles Baléares.

UNITÉ 7

▶ Leçon 1

1. **a.** Parce qu'il est très pressé, très en retard. Il a une réunion et doit imprimer des documents. – **b.** Le rapport d'activité, en 8 exemplaires. – **c.** 12 photocopies couleur, recto-verso. – **d.** Il doit préparer et apporter les documents à son collègue avant la réunion.

2. imprimer le rapport d'activité en 8 exemplaires. – photocopier le document en 12 exemplaires couleur, recto-verso. – préparer les documents et les apporter dans 10 minutes avant la réunion.

3. a/3 – b/6 – c/1 – d/4 – e/2 – f/5

4. **a.** site – clarté – **b.** internaute – **c.** page – vitrine – **d.** ergonomie

5. **a.** Excusez-moi, je ne comprends pas. – **b.** Vous pouvez parler lentement ? / Vous pouvez répéter, s'il vous plaît ? – **c.** Vous pouvez parler lentement ? / Vous pouvez répéter, s'il vous plaît ? – **d.** Je ne comprends pas.

6. **a.** fais – prenez – **b.** faites – **c.** prennent – **d.** faisons – **e.** fais – prends

7. a/4 – b/2 – c/5 – d/1 – e/3

8. **a.** Cet après-midi à 14h. – **b.** Le chiffre d'affaires et le nouveau site internet. – **c.** Les différentes rubriques, l'ergonomie, les problèmes avec le designer. – **d.** L'ergonomie. – **e.** Envoyer un compte-rendu. – **f.** La semaine prochaine. – **g.** En anglais, allemand et espagnol.

▶ Leçon 2

1. **a.** Une note de service – Sur le tableau d'affichage à l'entrée. – **b.** C'est une note d'information de rappel : il y a un exercice d'évacuation d'incendie à 11 heures. – **c.** Parce que l'exercice est obligatoire, l'alarme d'incendie va sonner. – **d.** Il faut évacuer les bâtiments et aller aux points de rassemblement.

2. **a.** l'expéditeur – **b.** le destinataire – **c.** l'objet

3. **a.** l'ordre du jour – **b.** résultats – **c.** objet – **d.** tableau – **e.** obligatoire

4. **a.** fais – **b.** faites – **c.** allez – **d.** faisons – **e.** allons

5. **a.** alors – **b.** alors – **c.** et – **d.** ou

6. **a.** Sur le tableau d'affichage / En salle de pause – **b.** À tout le personnel – **c.** Une personne qui s'occupe du comité d'entreprise – **d.** une soirée théâtre à prix réduit / une comédie musicale – **e.** Il y a une réduction de 50 %. – **f.** Envoyer un mail à Béatrice Duroc, et préciser le nombre d'entrées souhaitées.

8. **a.** /z/ – **b.** /s/ – **c.** /g/ – **d.** /z/ – **e.** /ʒ/ – **f.** /ʃ/ – **g.** /k/

▶ Leçon 3

1. **a.** bons – **b.** 255 000 euros – **c.** 4 % – **d.** augmentent – **e.** en baisse de 2 % – **f.** le linge de maison

2. **a.** effectif – **b.** annuelles – **c.** chiffre – **d.** prévoir – **e.** présente

3. a/4 – b/3 – c/5 – d/1 – e/2

4. a/4 – b/3 – c/2 – d/1

5. **a.** les ventes sont en hausse. – **b.** les ventes diminuent. – **c.** les achats en ligne augmentent. – **d.** notre chiffre d'affaires est en hausse.

6. **a.** Je viens de terminer… – **b.** Nous venons d'acheter… – **c.** … ils viennent de partir? – **d.** Elle vient de visiter… – **e.** Je viens de visiter…

7. **a.** Je viens d'allumer l'ordinateur. – **b.** Je viens de répondre… – **c.** Je viens de regarder l'heure de réservation. – **d.** Je viens de proposer un rendez-vous… – **e.** Je viens de faire une offre à l'agence immobilière.

8. **a.** un bureau – **b.** une vente – **c.** à Strasbourg, en banlieue – **d.** non, 5 pièces + WC+ Espace de vie – **e.** oui (accès direct à l'autoroute) – **f.** 235 000 euros – **g.** à rénover

▶ Test

1. **a.** d'accueil – site – **b.** internautes – **c.** ergonomie – claire

2.

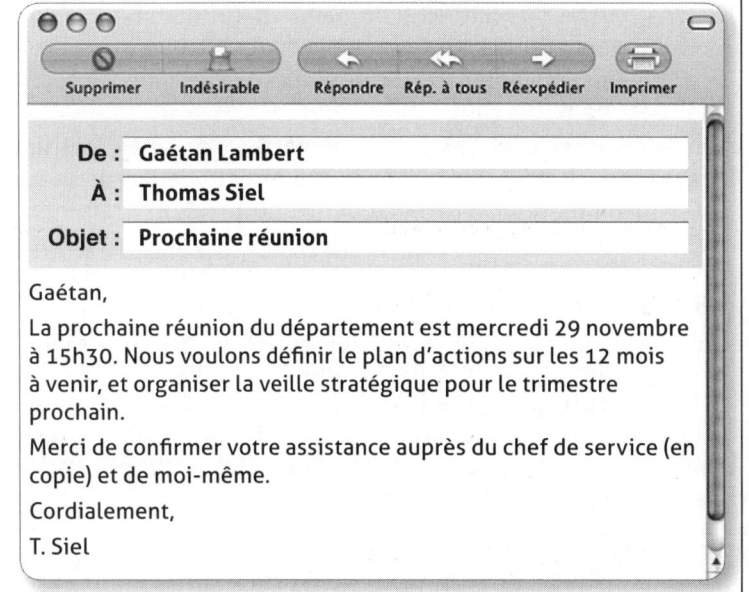

```
De :      Gaétan Lambert
À :       Thomas Siel
Objet :   Prochaine réunion
```

Gaétan,
La prochaine réunion du département est mercredi 29 novembre à 15h30. Nous voulons définir le plan d'actions sur les 12 mois à venir, et organiser la veille stratégique pour le trimestre prochain.
Merci de confirmer votre assistance auprès du chef de service (en copie) et de moi-même.
Cordialement,
T. Siel

3. a. résultats / chiffres – mauvais – **b.** directes – augmenter – **c.** pourcentage – **d.** baissent – **e.** prévoir – **f.** d'affaires – effectif
4. a. comprenez – prends – **b.** apprennent – **c.** prends – prenons – **d.** comprends – prend
5. a. Fais une sieste ! – **b.** Appelez l'informaticien ! – **c.** Fais une réclamation ! – **d.** Prenons une semaine de vacances ! – **e.** Utilisez les transports en commun ! – **f.** Consulte les offres d'emploi !
6. a. Vous préférez aller à l'aéroport en métro **ou** en taxi ? – **b.** Mon ordinateur est en réparation **alors** je dois utiliser mon ordinateur portable. – **c.** Le nouveau directeur a dirigé des usines dans les cinq continents, **alors** il parle différentes langues étrangères, **et** il est habitué à s'adapter aux pratiques culturelles. – **d.** L'italien **et** l'espagnol sont des langues proches, **ou** ce sont des langues très différentes ?
7. a. Je **viens de visiter** la page web de cette entreprise de la concurrence. – **b.** Vous **venez de voir** ce bureau. Vous allez l'acheter ? – **c.** Éric est dans son bureau ? – Non, il **vient de partir**. – **d.** S'il te plaît, téléphone à ce client pour prendre rendez-vous. Il **vient de laisser** un message sur notre répondeur. – **e.** Vous pouvez organiser le cocktail pour demain ? – Je **viens de demander** à Annick de le faire.

UNITÉ 8

▶ **Leçon 1**

1. a. À une journée team-building, avec les employés de l'entreprise SADECO. – **b.** Avec Mélanie, la directrice des ressources humaines. – **c.** le matin : une activité sportive (une course solidaire) / l'après-midi : une chasse au trésor connectée – **d.** C'est une activité solidaire / La somme d'argent récoltée est reversée à une association. – **e.** 10 kms en moyenne – **f.** 21 kilomètres maximum – **g.** natation – yoga **h.** football – escalade – **i.** yoga, le mardi et le jeudi

2. 1. team-building – 2. sportives – 3. motiver – 4. renforcer – 5. des chasses au trésor – 6. des courses de karting – 7. travailler en équipe – 8. gérer – 9. conflits – 10. se découvrir
3. Activités sportives : Karting – Boxe – Danse – Équitation – **Activités culturelles :** Cuisine – Cinéma – Théâtre – Improvisation – **Activités de réflexion :** Escape game – Enquête – Jeu de piste – Chasse au trésor
4. a. des événements culturels – **b.** des rallyes originaux – **c.** des nouveaux collaborateurs – **d.** des employés Français
5. a. une journée exceptionnelle – **b.** des activités originales – **c.** des compétitions sportives – **d.** une nouvelle activité
6. a. Elle fait de l'équitation. – **b.** Je fais de l'escalade. – **c.** Nous faisons du yoga – **d.** Tu fais de la boxe. – **e.** Ils font du football. – **f.** Vous faites de la danse.
7. a. C'est super – **b.** sportif – réfléchir – collective – **c.** Faux – Il n'aime pas beaucoup le principe – **d.** Parce qu'il préfère quand il y a de la compétition – **e.** Parce qu'il pense que c'est long et trop calme – **f.** Il pense que c'est dommage parce que l'idée est originale et bonne.

▶ **Leçon 2**

1. a. Un petit-déjeuner pour ses clients. – **b.** convivial / original. – **c.** classique / courant. – **d.** du café / du thé / du jus d'orange / des fruits / des céréales / des pains au chocolat / des croissants / des brioches. – **e.** du thé / du café / du jus d'orange / des fruits / des viennoiseries. – **f.** parce que les employés n'ont pas le temps de prendre leur petit-déjeuner avant d'arriver au travail – **g.** il boit un café et mange un fruit. – **h.** chez elle ou au bureau. – **i.** du thé et des tartines.
2. a. un plateau – **b.** une carafe – **c.** une fourchette – **d.** un restaurant – **e.** des tartines – **f.** un verre – **g.** des desserts – **h.** des viennoiseries
3. a. bois / boit – **b.** mange – **c.** bois – **d.** buvons
4. a. Tu vas déjeuner au restaurant ? – **b.** Vous allez manger au restaurant de votre entreprise ? – **c.** Ils vont prendre une formule entrée – plat – dessert. – **d.** Elle va avoir un déjeuner d'affaires mardi.
5. Dialogue dans l'ordre: b- g- c- j- h- a- d- i- e- f – **a.** Deux formules entrée – plat – dessert – **b.** Un tartare de bœuf – **c.** Le saumon – **d.** Vrai: une tarte aux pommes et une salade de fruits. – **e.** De l'eau (une carafe d'eau)

▶ **Leçon 3**

1. a. Chez le médecin – **b.** Il a de la fièvre et mal à la tête – **c.** La grippe – **d.** prendre des médicaments et se reposer – **e.** Une ordonnance et un arrêt de travail d'une semaine – **f.** au dos et au genou – **g.** des radios
2. 1/e – 2/d – 3/a – 4/f – 5/b – 6/c
3. Horizontalement : œil – jambe – pied – ventre – bras – tête – **Verticalement :** oreille – bouche – main – nez
4. a. aux dents – **b.** à la tête – **c.** aux yeux – **d.** au dos – **e.** aux genoux
5. a. Parce qu'il vient d'aller chez le médecin et il a une prolongation de son arrêt de travail. – **b.** Lundi prochain – **c.** Marc ne va pas pouvoir être au rendez-vous avec les

Corrigés

collaborateurs Japonais. – **d.** Envoyer un mail à toute l'équipe. – **e.** Pour rencontrer le nouveau responsable marketing – **f.** Sa prolongation d'arrêt de travail
7. a. souv<u>ent</u>/ j<u>am</u>be / qu<u>an</u>d – **b.** mange<u>ons</u> / croiss<u>an</u>ts / dim<u>an</u>che – **c.** f<u>aim</u> / vi<u>en</u>s / m<u>an</u>ger / p<u>ain</u>s – **d.** all<u>ons</u> / pr<u>en</u>dre / saum<u>on</u> / poiss<u>on</u> / b<u>on</u>

▶ Test
1. a. football – **b.** marathon – **c.** énigme – **d.** cuisine
2. Masculin pluriel : bons – originaux – nouveaux – connectés – particuliers – longs – **Féminin pluriel :** grosses – culturelles – sportives – exceptionnelles – curieuses – blanches
3. a. 2- 6 – **b.** 3- 5 – **c.** 1- 4
4. a. Il va manger des croissants au petit-déjeuner. – **b.** Nous allons boire beaucoup de café. – **c.** Vous allez prendre une formule entrée – plat – dessert ? – **d.** Tu vas boire un verre de vin ?
5. a. 2 – 7 – **b.** 1 – 3 – 5 – **c.** 3 – 4 – 6 – 8
6. a. pour parler / proposer une journée team building. – **b.** renforcer la cohésion d'équipe et féliciter les employés. – **c.** Présentation des résultats le matin, déjeuner et activités de team building. – **d.** Une chasse au trésor ou un rallye, du théâtre, de l'improvisation.

CORRIGÉS DES VIDÉOS

▶ Unité 5 – Les commerces et les commerçants
1. a. une voiture rouge, une voiture noire. – **b.** François Priet – **c.** des fromages – **d.** des œufs, des yaourts, des biscuits, du vin, du jus d'orange… – **e.** 31,40 euros – **f.** un pull, une chemise, une blouse
2. a. 45 ans, il travaille à Paris. – **b.** dans le 20ème arrondissement, rue des Pyrénées. – **c.** du camembert, du comté. – **d.** François aime vendre des bons fromages à ses clients / Les fromages de printemps et d'automne sont très bons.

▶ Unité 6 – Les moyens de transport
1. a. les deux – les deux – **b.** en espèces – **c.** une gare – une station de RER une station de métro – **d.** 9h40 – 1-2 minutes – **e.** Pour 1 jour : 1 € - Pour 7 jours : 5 €
2. a. 3 heures – 320 km/h – 7 – 83 millions – **b.** efficace et rapide – 16 lignes – 214 kilomètres – 300 stations – 1 Tokyo 2 Moscou 3 Séoul 4 Paris – **c.** 2007 – 1200 stations – 300 mètres – 7 jours sur 7 et 24 heures sur 24.

▶ Unité 7 – AMAP
1. a.

	Couleur des cheveux	Il/Elle porte une queue de cheval.	Il/Elle porte une/des boucle(s) d'oreille.	Il/Elle porte des lunettes.	Il a une
Homme 1	Bruns	oui	non	oui	moustache
Homme 2	Clairs	oui	oui	oui	barbe
Femme	Bruns	oui	non	non	

b. une voiture – une camionnette – un vélo – une motocyclette – **c.** des œufs – des laitues – du pain – **d.** Un homme avec un tablier blanc : oui – Une femme avec un chapeau : non – Un enfant : oui – Un homme avec des lunettes de soleil : oui – Un policier : non
2. a. Association pour le maintien de l'agriculture paysanne – **b.** Picardie – **c.** La vente directe de l'agriculteur au consommateur : vrai – La vente de produits frais dans les supermarchés : faux – La production biologique : vrai – La garantie de produits de proximité : vrai – La distribution des produits dans le territoire national : faux – La garantie de produits saisonniers : vrai – **d.** La femme interviewée s'appelle Sylvie : faux – Elle est membre de l'AMAP depuis : 3 ans – Elle habite dans le quartier : vrai – Elle s'occupe de l'organisation de l'AMAP : vrai – Elle travaille dans un supermarché : faux – Elle habite à Paris : faux – **e.** un an – toutes les semaines

▶ Unité 8 – Les loisirs
1. a. Dans un parc – **b.** Bleu – **c.** Restauratrice / Traiteur – **d.** 2 couples – **e.** Au nez
2. a. Est-ce que vous avez beaucoup de temps libre ? – **b.** la première femme interrogée aime voyager pendant son temps libre – la deuxième femme interrogée aime visiter la campagne – la deuxième femme interrogée parle beaucoup avec ses amis. – **c.** mercredi et jeudi – **d.** Luxembourg et Montmartre – **e.** 5 semaines de congés payés – **f.** la peinture, les voyages, la danse, le golf, l'opéra, le théâtre – **g.** trop de travail, la famille, les enfants.

DELF PRO

▶ 1 – Exercice 1
a. Annonce 1 – **b.** Annonce 8 – **c.** Annonce 3 – **d.** Annonce 4 – **e.** Annonce 5 – **f.** Annonce 2

▶ Exercice 2
a. 5 choses – **b.** que la réunion a lieu demain à 10h. – **c.** au troisième étage. – **d.** pour confirmer la date de la journée team building. – **e.** réserver un taxi pour l'aéroport. – **f.** dîner avec sa femme au restaurant. Parce que c'est son anniversaire.

▶ Exercice 3
a. parce que l'entreprise déménage / entre dans de nouveaux locaux. – **b.** la semaine prochaine. – **c.** venir découvrir les nouveaux espaces de l'entreprise / venir au cocktail. – **d.** confirmer la présence au cocktail par mail.

▶ Exercice 4

Lundi	Mardi	Mercredi	Jeudi	Vendredi
a – d	c	a	b	e

Lexique / Lexicon

(Les mots sont suivis du numéro de l'unité dans laquelle ils apparaissent.)

A
- Allemand / Allemande (U1) — German
- Architecte, un / architecte, une (U1) — Architect, an
- Arobase (U1) — At sign
- Au revoir (U1) — Goodbye

B
- Bof ! (U1) — I dunno!
- Bonjour (U1) — Hello / Good morning
- Bonsoir (U1) — Good evening

C
- Ça va (U1) — I am OK.
- Ça va ? (U1) — How are things?
- Ça va bien. (U1) — Fine.
- Ça va mal. (U1) — Not so good.
- Comment allez-vous ? (U1) — How are you?
- Comment vas-tu ? (U1) — How are you?
- Conseiller, un / conseillère, une (U1) — Adviser, an
- Consultant, un / consultante, une (U1) — Consultant, a
- Coréen / Coréenne (U1) — Korean

D
- Directeur, un / directrice, une (U1) — Director, a

E
- Employé un / employée, une (U1) — Employee, an
- Enfant, un (U1) — Child, a
- Être célibataire (U1) — To be single
- Être divorcé(e) (U1) — To be divorced
- Être en couple (U1) — To be in a couple
- Être marié(e) (U1) — To be married

F
- Famille, une (U1) — Family, a
- Fille, une (U1) — Daughter, a
- Fils, un (U1) — Son, a
- Français / Française (U1) — French

G
- Gratuit(e) (U6) — Free

H
- Hongrois / Hongroise (U1) — Hungarian

I
- Inclus(e) (U6) — Included
- Informaticien, un / informaticienne, une (U1) — Computer technician, a
- Italien/ Italienne (U1) — Italian

L
- Ligne, une (U6) — Line, a

M
- Mardi (U4) — Tuesday
- Mars (U4) — March
- Matin, le (U4) — Morning, the
- Mercredi (U4) — Wednesday
- Mexicain / Mexicaine (U1) — Mexican
- Mois, les (U4) — Months, the
- Moyen de paiement, un (U6) — Payment method, a
- Moyen de transport, un (U6) — Means of transport, a

N
- Novembre (U4) — November
- Nuit, la (U4) — Night, the

O
- Occasion, une (U6) — Occasion, an
- Octobre (U4) — October
- Organiser (U6) — To organise

P
- Pas terrible ! (U1) — Not great!
- Payant(e) (U6) — Chargeable
- Payer (U6) — To pay
- Périphérique, le (U7) — Ring road, the
- Petit-déjeuner, le (U6) — Breakfast, the
- Photocopie, une (U7) — Photocopy, a
- Place, une (U6) — Place, a
- Point, un (U1) — Dot, a
- Préférer (U3) — To prefer
- Prendre (U6) — To take
- Près de (U3) — Near
- Présence, la (U6) — Presence, the
- Prévoir (U7) — To plan
- Printemps, le (U4) — Spring, the

Q
- Quelle heure est-il ? / Il est quelle heure ? (U4) — What time is it? / What's the time?

R
- Récapituler (U7) — To summarise
- Recevez, Madame, Monsieur, nos salutations les meilleures. (U4) — Yours sincerely,
- Recto-verso (U7) — Front and back
- Reçu, un (U6) — Receipt, a
- Référence, une (U7) — Reference, a
- Régler (U6) — To pay / settle
- Réhabilitation, une (U7) — Renovation, a
- Relaxant(e) (U3) — Relaxing
- Remercier (U6) — To thank
- Rendez-vous, un (U4) — Meeting, a
- Rénover (U7) — To renovate

quatre-vingt-sept | 87

Lexique / Lexicon

Restaurant inter-entreprise (RIE), un (U7) — Inter-company restaurant, an
Résultat, un (U7) — Result, a
Rond-point, un (U6) — Roundabout, a
Rubrique, une (U7) — Section, a
Rue, une (U6) — Street, a

S

S'amuser (U3) — To enjoy
Sac à main, un (U2) — Handbag, a
Saisons, les (féminin) (U4) — Seasons, the
Salle à manger, une (U3) — Dining room, a
Salle de bains, une (U3) — Bathroom, a
Salle de jeux, une (U3) — Games room, a
Salle de massage, une (U3) — Massage room, a
Salle de réunion, une (U3) — Meeting room, a
Salle de sport, une (U3) — Sports hall, a
Salon, un (U3) — Lounge, a
Salut (familier) (U1) — Hi (familiar)
Samedi (U4) — Saturday
Se découvrir (U8) — To discover
Se détendre (U3) — To relax
Se rencontrer (U8) — To meet
Se retrouver (U3) — To meet up
Secteur, un (U2) — Sector, a
Séjour, un (U3) — Stay, a
Semaine, la (U4) — Week, the
Septembre (U4) — September
Serveur informatique, un (U3) — Computer server, a
Service informatique, le (U2) — IT department, the
Services aux entreprises, les (U2) — Business services, the
Siège, un (U3) — Seat, a
Signature, une (U2) — Signature, a
Sirop, un (U8) — Syrup, a
Site Internet, un (U7) — Website, a
Smartphone, un (U2) — Smartphone, a
SMS, un (U5) — SMS, an
Société, une (U2) — Company, a
Soir, le (U4) — Evening, the
Souris, une (U3) — Mouse, a
Sous (U3) — Under
Station, une (U6) — Station, a
Stimulant(e) (U3) — Stimulating
Stress, le (U2) — Stress, the
Strict(e) (U2) — Strict
Suffisant(e) (U7) — Sufficient / enough
Suisse / Suisse (U1) — Swiss
Suivre (U5) — To follow
Sur (U3) — On

T

Table basse, une (U3) — Low table, a
Tableau d'affichage, un (U7) — Notice board, a
Tableau de bord, un (U5) — Dashboard, a
Tablette, une (U5) — Tablet, a
Taille, la (U5) — Size, the
Tailleur, un (U2) — Suit, a
Tarif, un (U5) — Price / Rate, a
Tartine, une (U8) — Toast, the
Team building, le (U8) — Team building, the
Tee-shirt, un (U2) — T-shirt, a
Télécommunications, les (U2) — Telecommunications, the
Télétravail, le (U2) — Teleworking, the
Tension, la (U8) — Tension, the
Tension, une (U8) — Tension, a
Tenue, une (U2) — Outfit, an
Tête, la (U8) — Head, the
Thé, un (U8) — Tea, a
Tiret, un (U1) — Dash / Hyphen
Toilettes, les (U3) — Toilets, the
Tomber malade (U8) — To fall ill
Tourner (U6) — To turn
Toutes taxes comprises (TTC) (U5) — Inclusive of taxes
Toux, la (U8) — Cough, the
Trafic, le (U7) — Traffic, the
Traiter (U2) — To process / deal with
Tranquille (U3) — Quiet
Transports en commun, les (masculin) (U6) — Public transport, the
Transports, les (U2) — Transport, the
Tu es toujours en forme. (U8) — You're still looking good.
Tweet, un (U5) — Tweet, a
Tweeter (U5) — To tweet

U

Underscore / Tiret du bas (U1) — Underscore
Urgent(e) (U5) — Urgent
Usage personnel, un (U5) — Personal use, a
Usage professionnel, un (U5) — Professional use, a
Utilisateur, un / utilisatrice, une (U5) — User, a

V

Vacances, les (féminin) (U4) — Holidays, the
Varié(e) (U5) — Varied
Vaste (U3) — Huge
Vendeur, un / vendeuse, une (U1) — Seller, a
Vendre (U7) — To sell
Vendredi (U4) — Friday
Vente en ligne, la (U7) — Online sales, the
Vente, une (U7) — Sale, a
Ventre, le (U8) — Stomach, the
Vérifier (U4) — To check
Verre, un (U8) — Glass, a
Vert(e) (U5) — Green
Veste, une (U2) — Jacket, a
Viennoiserie, une (U8) — Danish pastry, a
Violet(te) (U5) — Violet
Visioconférence, une (U3) — Video conference, a
Visite médicale, une (U8) — Medical examination, a
Visiteur, une / visiteuse, une (U7) — Visitor, a
Vitrine, une (U7) — Window, a
Vous avez l'heure, s'il vous plaît ? (U4) — Do you have the time, please ?
Vous parlez vite. (U7) — You speak quickly.
Vous pouvez parler lentement ? (U7) — Could you speak more slowly ?
Vous pouvez répéter, s'il vous plaît ? (U7) — Could you repeat, please ?

W

Week-end, le (samedi/ dimanche) (U4) — Weekend, the (Saturday / Sunday)

Y

Yaourt, un (U8) — Yoghurt, a